AF262158

BIBLIOTHÈQUE CONTEMPORAINE

ÉDOUARD BOINVILLIERS

A QUOI SERVENT

LES PARLEMENTS

1815 - 1830 - 1848 - 1870

PARIS

CALMANN LÉVY, ÉDITEUR

RUE AUBER, 3, ET BOULEVARD DES ITALIENS. 15

A LA LIBRAIRIE NOUVELLE

1883

A QUOI SERVENT

LES PARLEMENTS

1815-1830-1848-1870

OUVRAGES DU MÊME AUTEUR

Tableaux d'Histoire de France, in-4°, Paris 1861.
Éléments d'Histoire de France, in-12, Paris 1861.
Études politiques et économiques, 1er vol. in-8°, 1863.

> SOMMAIRE : La politique de conciliation. — Les chemins de fer à bon marché. — Les navires cuirassés. — Le Sénatus-Consulte du 20 décembre 1861. — La théorie du Gouvernement constitutionnel suivant M. Thiers. — Le régime de la Presse. — Les tarifs de chemins de fer dans la nouvelle politique commerciale de la France. — Questions financières et industrielles. — M. Bartholony. — De quelques modifications dans le tarif des douanes, M. Amé.

Études politiques et économiques, 2e vol. in-8°, 1863.

> SOMMAIRE. — Des transports à prix réduits sur les chemins de fer; 1re, 2e, 3e parties. — Les travaux du Corps législatif 1852-1857. — Session législative 1857-1858. — L'article 5 de la loi de douane de 1836. — Le libre-échange français. — Liberté. — Nationalité.

Études politiques et économiques, 3e vol. in-8°, 1866.

> SOMMAIRE : L'Empire et le Parlement. — L'École libérale et le Régime parlementaire de 1830 à 1848 — La liberté sous le régime parlementaire. — La session du Corps législatif (1863-1866). — L'État et les chemins de fer en 1855

Études politiques et économiques, 4e vol. in-8°, 1877.

> SOMMAIRE : Paris le Tyran.

Causeries politiques, 1 vol. in-12, 1872.
Le Catéchisme impérial, 1873.
La Loi électorale, broch., 1874.
Le Septennat, broch., 1874.
L'Esprit des Lois constitutionnelles, de M. le duc de Broglie, 1874.
Manuel de l'Électeur indépendant, broch., 1875.
Les Droits et les Devoirs de l'Impérialiste, broch., 1875.
L'Électeur et le Candidat, broch., 1876.
Les Chemins de fer désastreux, broch., 1879.
L'honorable M. Piteux, broch., 1880.
Lettres sur la Revision de la Constitution, broch., 1881.
Les Partis aux élections générales, broch., 1880.

Paris. — Impr. Sté anon. public. périod. — P. Mouillot.

A QUOI SERVENT

LES PARLEMENTS

1815-1830 1848-1870

PAR

ÉDOUARD BOINVILLIERS

PARIS

CALMANN LÉVY, ÉDITEUR

ANCIENNE MAISON MICHEL LÉVY FRÈRES

3, RUE AUBER, 3

—

1883

LES PARLEMENTS

I

LE PARLEMENT DE 1815

Scribitur ad probandum et non ad narrandum.

Les érudits montrent une louable émulation à rassembler les matériaux de notre histoire contemporaine, dont tous les points obscurs ont été éclaircis. Il est temps de profiter du labeur des savants : *Écrire pour raconter et non pour prouver* est une œuvre vaine au point de vue supérieur de l'enseignement des hommes, et si l'historien, à force d'impersonnalité, arrivait à être fidèle à son programme, il n'aurait enfanté qu'un dictionnaire.

Nous nous proposons donc, non pas de raconter les faits et gestes des Parlements de 1815, de 1830, de 1848 et de 1870, que tout le monde connaît, mais de tirer de leurs actes les conclusions qui s'imposent à tout esprit impartial.

La moralité qui découle de cet écrit peut être d'ailleurs profitable à la monarchie et à la République, et s'applique tout aussi bien à la France qu'à tout autre pays. C'est une thèse qui s'adresse plus particulièrement aux conducteurs de peuples, aux hommes que la Providence a placés à la tête des nations, sous quelque titre qu'ils exercent leurs difficiles fonctions; ils apprendront par l'expérience que nous avons chèrement acquise et, s'ils ne le savent déjà, que, depuis l'origine des sociétés humaines, il n'a existé que deux manières de les gouverner :

Soit en mettant à leur tête un homme pris dans une même famille et plus ou moins contrôlé dans sa gestion, soit en se confiant à une aristocratie privilégiée.

Trouver un troisième mode de gouvernement est une prétention vaine : la classe moyenne, si instruite et si riche qu'on la suppose, n'est pas destinée à ce rôle souverain, car elle n'a et ne peut avoir d'éducation politique.

Puisque nous nous adressons à des lecteurs qui ne sont pas exclusivement Français, il peut être utile de les mettre au courant de certaines habitudes de notre langage. Ils doivent savoir, par exemple, que, chez nous, l'épithète de *libéral* s'applique indistinctement à *l'opposant* sous tous les régimes et non à l'homme qui aime la liberté.

Ils ont appris au collège que toutes les républiques sont des formes aristocratiques de gouvernement; aussi doivent-ils se rendre compte qu'une république française, conduite par un Parlement et non par un homme, est nécessairement partiale et bientôt violente, parce qu'elle froisse le sentiment très démocratique, c'est-à-dire très monarchique de ce pays, et que, ne pouvant se faire accepter, elle est réduite à s'imposer.

Nous disons qu'un Parlement est souverain quand les ministres, en qui se résume toute la puissance publique sont à la merci de ses votes et qu'il annule ainsi les prérogatives légitimes du chef de l'État.

C'est encore une nécessité d'expliquer au lecteur étranger la valeur exacte de ces mots : *bourgeoisie* ou *classe moyenne,* qui n'ont plus de sens précis, après l'abolition en France de toutes les classes, mais que l'usage a conservés pour peindre, non une catégorie déterminée de citoyens, mais un état, une situation particulière, des habitudes d'esprit propres à certains d'entre eux. Il est hors de doute que l'ouvrier qui vit du travail de ses mains, l'habitant de la ville ou de la campagne qui a un certain degré d'instruction et d'aisance, et enfin le savant, l'homme politique et le riche capitaliste jouissent tous de droits égaux ; mais leur condition sociale n'étant pas la même, leurs pensées communes, leurs intérêts, leurs passions peuvent être dissemblables.

A des âges différents, le même homme pense différemment, et cette diversité de l'homme avec lui-même est bien plus accusée encore si l'on compare des conditions d'existence absolument opposées : quoi de moins ressemblant à un ouvrier qu'un petit rentier ou un modeste commerçant, et combien s'éloignent de tous deux les prétendus privilégiés de ce monde, les riches en instruction ou en écus? Sans doute, l'artisan épousera toutes les querelles du petit bourgeois quand il aura monté un degré, et ses enfants à leur tour, s'ils franchissent le dernier échelon, n'auront plus aucune des habitudes ou des préjugés de leur père ; mais la masse de

chacune de ces fractions de peuple conservera
toujours une physionomie distincte, en dépit de
toutes les égalités politiques et civiles que leur
reconnaît le Code Napoléon. La bourgeoisie,
grande ou petite, réunit donc tous ceux qui
vivent du travail de l'esprit ou des rentes amas-
sées par leurs parents ; elle comprend aussi
bien l'avocat et le médecin que le noble ancien
ou nouveau, car ils sont tous sans privilèges ; et
aussi, quand il nous arrivera d'employer ce
mot, on voudra bien se rappeler qu il n'emporte
avec lui aucun sentiment malveillant, qui serait
absolument déplacé puisque nous sommes tous
bourgeois et que, sans les arts, les sciences,
les lettres, dans toutes les directions de l'esprit
humain, nous tenons plus qu'honorablement
notre rôle dans ce monde ; mais, en vérité,
nous ne sommes pas universels, nous devons
assurément avoir une part considérable dans la
politique, il est cependant au-dessus de nos
forces de porter seuls ce lourd fardeau, et
d'être les maîtres absolus du pays, au moyen
du Parlement souverain. C'est là ce que ce petit
livre a la prétention de démontrer.

PARLEMENTS FRANÇAIS ET PARLEMENTS ANGLAIS

Le 31 mai 1815, par un beau soleil, on célébrait à Paris la fête du Champ de Mai :

L'empereur, à la tête de quelques grenadiers, était revenu de l'île d'Elbe jusqu'à son palais des Tuileries, sans avoir tiré un coup de fusil ; les Français venaient de donner au monde, le rare et consolant spectacle d'un peuple qui se passionne pour un prince vaincu, qui se jette aux pieds d'un souverain détrôné, et mendie la grâce de défendre un chef qui ne dispose ni d'argent, ni de places, ni d'honneurs.

Ce jour-là, l'empereur venait jurer fidélité à la Constitution, connue sous le nom d'*Acte additionnel.* Les députés nouvellement élus et la députation de leurs électeurs étaient naturellement les héros de la fête : les sentiments qui les animaient tous trouvèrent leur expression dans un discours concerté entre eux, et lu, d'une voix retentissante, par M. Duboys (d'Angers), député de Maine-et-Loire.

Cette belle harangue, écrite dans le ton un peu déclamatoire de l'époque, révéla d'une manière évidente, l'état des esprits, au double point de vue de l'enthousiasme populaire, pour Napoléon, et du désir manifeste de la nation de combattre avec acharnement la nouvelle coalition formée par l'Europe. C'est en quelque sorte la réponse du Parlement français nouvellement élu aux discussions passionnées qui s'étaient élevées dans le sein du Parlement anglais.

Ce manifeste fut accueilli par les applaudissements unanimes de tous ceux qui avaient pu l'entendre et par les cris passionnés de *Vive l'empereur!* poussés dans le Champ de Mars tout entier. Ils étaient en effet sincères, ces députés qu'enflammaient un zèle égal pour Napoléon protecteur de tous les intérêts nouveaux enfantés par le Révolution et une haine commune pour les Bourbons, qui paraissaient menacer tous ces intérêts. Dans cette masse de six cent trente élus, dans une élection dont aucun historien n'a contesté l'absolue liberté, il n'est pas possible de relever un seul nom, attaché à l'ancienne monarchie, ce qui est tout naturel puisque les royalistes, soit crainte d'être battus, soit répugnance à se servir de moyens révolutionnaires, comme l'élection, s'étaient universellement abstenus.

Comment expliquer alors les votes de cette

assemblée ? Elle veut l'empereur et elle le détrône ; elle veut l'indépendance du pays, et elle vote la capitulation quand elle dispose de forces suffisantes pour se battre ; elle fait tout ce qu'elle ne voulait pas faire, et ne réussit dans aucune de ses entreprises. C'étaient cependant de braves gens, et de bonne foi, mais ils étaient ignorants des choses de la politique, et incapables de résister à leurs impressions du moment Ils avaient la haine des Bourbons, et s'efforcaient d'écarter tous les obstacles qui leur barraient le passage : une assemblée royaliste fervente n'aurait assurément pas aussi complètement réussi que ce Parlement bonapartiste.

Ces lamentables contradictions veulent être expliquées et le seront, si on veut bien parcourir avec nous le *Moniteur* du mois de juin 1815, et s'assurer du peu de temps qu'il faut à un Parlement français pour perdre la France.

Mais avant d'ouvrir ce livre impartial qui enregistre docilement depuis quatre-vingts ans les opinions les plus contradictoires sur les mêmes sujets, il est nécessaire de peindre en quelques mots l'état des esprits en France et à l'étranger, à cette époque critique de notre histoire.

L'Europe depuis quinze ans se battait contre la France ; les principes nouveaux appliqués par la Révolution lui paraissaient menacer sa sécurité : après le premier succès de 1814, devait-elle désarmer? après l'insuccès des Bourbons, devait-elle les imposer de nouveau à notre pays? Toute la question était là.

Quand on veut trouver consciencieusement la vérité, il ne faut pas craindre de la chercher dans la bouche de ses plus irréconciliables ennemis : le 28 avril 1815, la question fut discutée solennellement au Parlement anglais, que les ministres venaient de tromper audacieusement en lui affirmant n'avoir pas encore signé le traité qui liait l'Angleterre aux puissances alliées. Peu nous importe de savoir comment lord Castlereagh se tira du mauvais pas où l'avait mis son utile mensonge, mais il faut recueillir avec soin les raisons qu'il donnait pour continuer la guerre. Était-il possible, disait-il, que les puissances continentales vécussent dans un état d'inquiétude perpétuelle et que, par suite de cette inquiétude, elles restassent éternellement en armes? N'était-il pas évident, par exemple, que Napoléon, dès qu'on l'aurait laissé s'é ablir, dès qu'on lui aurait permis de réunir trois à quatre cent mille hommes, saisirait la première occasion d'accabler encore ses voisins? A la vérité on le disait changé et revenu à des idées pacifiques : changé oui, mais en paroles et pour endormir la vigilance des puissances; mais bien fous ceux qui croiraient à un tel changement! Au premier instant favorable, dès qu'il apercevrait un affaiblissement de forces chez les puissances, ou un commencement de désunion entre elles, il se jetterait sur l'Europe et la mettrait de nouveau à la chaîne. C'était là une vérité dont ne pouvait douter aucun esprit sensé. Il fallait donc profiter de ce qu'on était prêt, car il y avait des cas où attaquer n'était que se défendre. On objectait, il est vrai, qu'on trouverait derrière l'homme dont il s'agissait une grande nation, la nation française. S'il en était ainsi, et si la nation française, par faiblesse ou par ambition, soutenait cet homme, il fallait qu'elle en portât la peine. L'Europe ne pouvait rester exposée à une ruine inévitable, parce qu'il plaisait à une nation de se donner un tel chef ou parce qu'il plaisait à une armée corrompue, avide de richesses et d'honneurs, de placer à sa tête un conquérant barbare qui prétendait renouveler les folles entreprises des conquérants asiatiques! Les puissances alliées ne voulaient pas imposer à la France un gouvernement : elles voulaient seulement la réduire à l'impossibilité

de nuire à autrui et de troubler éternellement
le repos du monde.

Lord Ponsonby répondit au ministre et, après
lui avoir reproché amèrement d'avoir signé
une déclaration de guerre au mépris des droits
du Parlement, il ajouta que sans doute l'Angleterre ne devait pas se séparer des puissances
continentales, mais qu'elle avait apparemment
le droit de leur adresser des conseils ; était-il
bien certain, d'ailleurs, que le gouvernement
britannique leur eût montré, comme il s'en
vantait, tous les dangers de cette nouvelle lutte ?
Ces dangers étaient graves, car on allait braver
à la fois un grand homme et une grande nation.
Cet homme, M. Ponsonby ne l'avait jamais
estimé pour ses qualités morales, mais on ne
pouvait contester ni ses talents prodigieux, ni
l'énergie de la nation à la tête de laquelle il était
placé. Insulter cette nation, lui attribuer tous
les vices pour s'arroger à soi toutes les vertus,
ce n'était pas discuter sérieusement un tel
sujet. Il n'en était pas moins vrai qu'on restait en présence d'un homme extraordinaire
auquel on donnait l'appui de la nation la plus
redoutable en menaçant l'indépendance de cette
nation de la façon la moins dissimulée. On ne
voulait pas, disait-on, lui imposer un gouverne-

ment, mais seulement lui en interdire un dans l'intérêt général; mais, pour tout homme clair-voyant, il n'y a pour la France, de possibles que les Bonapartes ou les Bourbons, et dès lors exclure l'un, n'est-ce pas imposer l'autre? Ne venait-on pas d'ailleurs d'essayer les Bourbons, qui avaient blessé la nation par leurs fautes? C'était poursuivre au delà de toute raison la politique de M. Pitt que de renouveler la guerre pour les Bourbons, alors que, miraculeusement replacés sur leur trône, ils n'avaient pas su s'y maintenir. Si encore Bonaparte n'offrait pas la paix avec instance aux conditions des traités de Paris et de Vienne, on comprendrait cet acharnement. Fallait-il donc verser encore des torrents de sang, doubler la dette, prolonger indéfiniment l'income-tax pour obtenir des avantages qui n'étaient plus contestés? On prétend qu'on ne peut se fier à la parole de Napoléon; mais franchement, depuis le traité de Vienne, est-il permis d'élever contre quelqu'un le reproche d'ambition? Parler du caractère de l'empereur, c'est peu sérieux; l'âge modifie bien des choses, et chez un homme de génie l'intérêt bien entendu suffit pour changer la conduite. En abolissant la traite des noirs, ne venait-il pas de prouver son ardent désir de complaire à l'Angleterre. En rendant la liberté au duc d'Angoulême, après qu'on avait mis sa tête à prix, n'avait-il pas agi tout autrement qu'en 1804, à l'égard du duc d'Enghien? Si on force cet incomparable guerrier à combattre de nouveau, ne peut-il pas remporter une ou deux victoires? Et alors que deviennent les avantages qui nous sont assurés par la paix actuelle? N'aurait-on pas fait le plus détestable des calculs?

Tous les cabinets de l'Europe pensaient comme lord Castlereagh, et ils auraient probablement vu se réaliser les infortunes que leur prédisait lord Ponsonby, si un Parlement français ne l'avait délivré du souci cuisant de voir Napoléon à la tête de nos armées.

LES PARTIS EN FRANCE, EN 1815

Si les étrangers étaient unanimes à jouer leur dernier homme et leur dernier écu pour vaincre la Révolution, l'immense majorité des Français n'était pas moins résolue à la défendre. Ils venaient de le montrer au retour de l'île d'Elbe, de manière à ne laisser de doute dans l'esprit de personne, et avec un enthousiasme qu'expliquait l'extraordinaire grandeur de l'événement dont ils avaient été les acteurs ou les témoins; ils le prouvaient encore chaque jour en s'enrôlant dans les bataillons de fédérés, dans les rangs de la garde nationale, en envoyant au gouvernement des adresses, des offrandes, et en gagnant silencieusement leurs postes de combat. Le peuple des villes et celui des campagnes, l'armée, les jeunes gens des écoles, la petite bourgeoisie rivalisaient de zèle; tous assurément n'étaient pas capables de se rendre compte des mobiles divers qui armaient tant de peuples contre leur pays, des intrigues cachées, des ressources employées par les diplomates, mais tous sentaient vivement qu'ils étaient les bénéficiaires de la Révolution et que c'était à elle, et, par conséquent, à eux qu'on en voulait : leur colère et leur ardeur s'expliquaient également.

L'ardeur en sens contraire des partisans de l'ancien régime étaient aussi naturelles ; mais ils étaient encore en fort petit nombre, et, malgré leur succès éphémère de 1814, ils se sentaient aussi pleins de mépris que d'impuissance contre ce qu'ils appelaient le poison révolutionnaire qui, depuis un quart de siècle, avait couru dans les veines de la nation entière : leur triomphe dépendait étroitement du succès des armées étrangères, et bien que ce succès pût être raisonnablement espéré, les esprits sensés et politiques du parti n'ignoraient pas combien il pouvait être funeste pour lui de faire sa rentrée définitive en France par une pareille porte.

Mais entre ces deux adversaires, si inégaux en nombre, et si acharnés l'un contre l'autre, il existait en France, depuis 89, un fort petit groupe d'hommes, éclairés, riches, de bonnes mœurs, n'appartenant ni au peuple ni à la noblesse, se prétendant volontiers les vrais représentants de la haute bourgeoisie et aspirant sourdement à jouer dans la France nouvelle le rôle prépondérant que la noblesse avait eu dans la France ancienne. En 1794, ils avaient eu un moment l'espoir d'être les maîtres ; pendant l'ouragan de gloire qui s'était déchaîné sur le pays, de 1800 à 1815, ils s'étaient tenus modestement à l'écart, comme il convient à des esprits amoureux des termes moyens et du juste milieu en toutes choses. Ils avaient en horreur les saturnales de 93 ; mais la gloire, les batailles, les conquêtes, les grandes actions, et les grandes pensées, cet attirail guerrier, ces panaches, ces croix et ces titres qui passaient auprès d'eux sans jamais les atteindre,

ce grand et fastueux état de maison des chefs
de l'armée, qui contrastait d'une manière si
désobligeante avec leur attitude honorable,
mais qui continuait à être peu remarquée, tout
cet empire enfin, où le menu peuple s'élevait
si haut, pendant qu'ils se confondaient dans
leur digne solitude, leur était instinctivement
odieux. Pour devenir les maîtres à leur tour,
ne fallait-il pas se débarrasser de cet insupportable grand homme? Quant à la Révolution, ils
l'aimaient, sans doute; sans elle, ils n'auraient
rien été, mais ils ne l'estimaient qu'à condition
de la diriger. La formule de Sieyès était pour
eux article de foi : *Qu'est le tiers? Rien! Que
doit-il être? Tout !*

L'opposition à l'empire devait donc partir de
ce côté, et c'est de là en effet qu'elle vint :
timides tant que ce gouvernement fut debout,
ces *libéraux*, — c'est ainsi qu'on appelle en
France toutes les opposants, — se ruèrent sur
lui dès qu'il fut blessé, et l'achevèrent.

Il ne faut pas pour cela crier à l'ambition
des doctrinaires et des fervents du parlementarisme. Toute ambition est légitime, à condition qu'elle fasse ses preuves et parvienne à
établir un système de gouvernement acceptable
et accepté. Suspendons notre jugement jus-

qu'à ce que nous ayons pu apprécier leur œuvre.

3 juin.

PREMIÈRES HOSTILITÉS DE LA CHAMBRE
CONTRE L'EMPEREUR

En vertu du décret impérial du 1er juin 1815, qui convoquait la Chambre des représentants créée par *l'acte additionnel aux constitutions de l'empire*, les membres élus par les collèges électoraux se réunissent dans le palais du Corps législatif sous la présidence de M. de Branges, doyen d'âge.

L'assemblée reçoit de Son Excellence le ministre de l'intérieur les procès-verbaux de toutes les élections.

Elle les examine dans ses bureaux, et quelques heures après Monsieur le président proclame régulièrement élus 600 représentants dont l'élection n'a donné lieu à aucune observation.

Puis on passe à l'élection du président.

Le choix qu'elle fit était assurément une réelle inconvenance à l'égard de l'empereur, puisque M. Lanjuinais était généralement regardé à raison de ses précédents politiques comme sûr adversaire de l'Empire : mais les assemblées jeunes et inexpérimentées ne savent jamais obéir qu'aux sentiments égoïstes que leur dictent l'éclat de leur rôle et la passion de pouvoir qui les envahit. Sans doute le moment était des plus mal choisis, pour manifester son hostilité à un glorieux souverain, qui venait de remettre une grande, une trop grande portion de sa puissance aux représentants et pour faire naître chez l'étranger la pensée que la désunion se glissait déjà parmi nous; mais ne fallait-il pas avant tout donner au public une idée avantageuse de sa fierté et, montrer qu'on redoutait d'abord le reproche de servilité. L'historien du *Consulat et de l'Empire* imagine que ce défaut, qu'il avoue lui-même, était le résultat inévitable du peu de liberté que l'empereur avait laissé à la France ; cette excuse, évidemment cherchée dans le double but de décrier le chef de l'État et de réhabiliter cette malheureuse assemblée est sans valeur, car toutes les assemblées démocratiques sont infectées de ce vice d'orgueil qui grandit avec le pouvoir qu'on leur laisse.

Le message de l'empereur qui accepte la nomination de M. Lanjuinais est apporté et lu à la Chambre par M. *Regnault de Saint-Jean-d'Angely*. M. *René Mourgues* (député de la

Somme) demande à l'orateur si c'est comme ~~6 juin.~~ représentant ou comme ministre qu'il est chargé de faire cette communication. Regnault, qui sent peut-être où va la prétention secrète, non de la Chambre, mais de l'interrupteur et de ses amis, dont le but est de forcer à comparaître devant eux les ministres, Regnault pare le coup, en répondant simplement que c'est en cette double qualité qu'il a parlé ; et l'incident n'a pas de suite. Sur la proposition de M. *Dumolard*, la Chambre décide qu'elle élira quatre vice-présidents et quatre secrétaires, et fixe la durée de leurs fonctions à la durée de la législature. Le dépouillement du premier scrutin pour la nomination des vice-présidents et des secrétaires donne les résultats suivants : sur 490 votants : — Flaugergues 403 ; Dupont de l'Eure 279 ; Lafayette 257. Ces trois représentants, ayant obtenu la majorité absolue, sont proclamés vice-présidents. Il n'est pas sans intérêt de remarquer que ces bonapartistes inexpérimentés choisissaient ainsi des hommes recommandables assurément, mais plus connus par leur hostilité à l'empire que par des talents exceptionnels.

Il n'y avait pas trois jours que le Parlement était réuni qu'eut lieu publiquement, à la tribune, la première tentative d'hostilité véritable contre l'empereur. Pendant le dépouillement du scrutin relatif à la nomination du troisième vice-président, M. *Dupin* s'élance à la tribune et fait part à ses collègues de la difficulté qu'il éprouve à voter le serment de *fidélité à l'empereur et d'obéissance à la Constitution*. « Obéissons, dit-il, à l'Acte additionnel qui vient d'être voté par le peuple, prêtons serment de fidélité au chef de l'État, rien de mieux, mais remarquons dans l'intérêt même du gouvernement sagement entendu que, pour être valable, pour être légitime, pour être obligatoire, pour être constitutionnel enfin, car ce mot contient tout, un serment ne doit pas être prêté en vertu d'un décret qui ne renferme que la volonté *unilatérale* du prince, mais qu'il doit l'être en vertu *d'une loi* qui est le vœu de la nation constitutionnellement exprimé. »

Cette chicane, car il est bien difficile de donner un autre nom à cette susceptibilité inattendue de légiste, ne supportait guère l'examen et la discussion qu'elle provoqua, puisque, sans doute possible, une nation venait de manifester très clairement son visible désir d'être fidèle à l'empereur et d'obéir à la Constitution : le vote de l'Acte additionnel devait rassurer à ce sujet les plus scrupuleux; mais la hésitation de la Chambre pouvait avoir une influence considérable dans le pays et à l'étranger, où l'on ne manquerait pas de dire que la nation et l'empereur étaient divisés puisque les représentants répugnaient déjà au serment de fidélité à sa personne.

Il fallut bien des efforts pour faire pénétrer cette vérité si simple dans le cerveau de l'Assemblée, qui ne parut convaincue qu'après le discours] de M. Dumolard.

« Est-ce le moment, dit-il, de se livrer à ces débats, quand, d'un côté, le vœu de la nation ne fait doute pour personne, et que, de l'autre, l'Angleterre nous surveille? Quand les proclamations de Louis XVIII attaquent l'honneur des soldats, les peignent comme des révoltés, lorsqu'on cherche à les isoler de leur chef, il est en notre devoir de déclarer que l'armée et la nation, que les braves qui composent cette armée ne sont que notre avant-garde, que nous pensons comme eux, que nous marchons avec eux, que nous voulons leur tenir compte de leur sang et de leurs services... Dans les circonstances critiques où nous nous trouvons, il faut que la nation se sauve avec et par l'Empereur.»

Le voile était déchiré : on abandonna la

fâcheuse proposition, et l'ordre du jour pur et simple proposé ne parût plus suffisant. Le général *Sébastiani* s'oppose à cet ordre du jour ; la question lui paraît trop importante pour être écartée aussi légèrement. Il demande que la Chambre se prononce expressément pour le serment que l'orateur prête par avance et individuellement.

Boulay de la Meurthe, qui, comme Regnault, est ministre d'État, chargé de défendre devant les assemblées la politique du Gouvernement, veut faire tourner à profit une séance qui avait si mal débuté : « Voici, dit-il, ma profession de foi sur le serment. Je jure d'abord obéissance aux constitutions de l'empire ; et comment pourrais-je hésiter à le faire ? Ces constitutions ne sont-elles pas l'œuvre de la volonté nationale immédiatement ou médiatement consultée. Je suis Français, je suis représentant du peuple, et, dès l'entrée de ma carrière, je refuserais de reconnaître les titres qui constituent mon existence civile et politique ? Quelle inconséquence absurde ! quelle folie véritable !... Quant au serment de fidélité à l'empereur, certes je le prête de bien bon cœur, et je crois faire un acte éminemment français, car l'empereur est à mes yeux le premier représentant de la nation, le

chef légitime et constitutionnel de l'État, le pre-
mier lien de l'unité. Ainsi, quand je jure de lui
être fidèle, je crois jurer de l'être à la nation
elle-même. »

L'Assemblée, attentive, commençait à s'émouvoir ; Boulay de la Meurthe n'hésita pas à aller
plus loin.

« Il faut, ajoute-t-il, parler ici avec franchise.
Il existe en France deux partis : l'un, qui est
national, puisqu'il comprend la grande masse du
peuple et qu'il stipule pour son indépendance,
pour son honneur, pour son véritable intérêt ;
l'autre, qu'on peut appeler la *faction de l'étranger*. Oui, messieurs, il existe des Français assez
vils, assez corrompus, pour appeler les Anglais, les
Russes, les Prussiens : ce sont les Bourbons qui
sont les chefs de cette faction ; ce sont eux qui,
avec l'aide des baïonnettes étrangères, veulent
de nouveau nous imposer un joug humiliant. »

La Chambre, qui avait la passion de l'empereur, qu'elle devait renverser quelques jours
plus tard, et la haine des Bourbons, qu'elle allait
rappeler, applaudit avec enthousiasme, et l'on
vota en faveur du serment. Malgré ce succès,
les esprits politiques furent préoccupés de la
singulière facilité que trouveraient des orateurs
adroits à abuser de cette réunion de bonapar-

tistes aussi sincères qu'inexpérimentés ; et l'empereur, le plus vigilant et le plus perspicace d'entre eux, ressentit, une grande amertume. C'était cette assemblée, en effet, qui allait décider de tout pendant qu'il ferait face à l'ennemi et viderait son dernier duel avec l'Europe.

M. de Lafayette, qui avait conservé, comme on le sait, une haine profonde contre l'empereur, et ne sut pas malheureusement maîtriser ce sentiment quand Napoléon et la France étaient étroitement unis pour l'indépendance du pays, M. de Lafayette raconte dans ses *Mémoires* que le coup du 6 juin avait été concerté entre lui et ses amis : « Nous avions, écrit-il, élevé une difficulté sur le serment ; je savais bien qu'il n'y avait que quinze à vingt personnes tout à fait de mon avis, et je m'étais bien entendu avec cette petite opposition... mais le lendemain Regnault (le souvenir du général est en défaut, car c'est Boulay qu'il faut lire) a profité, à l'ouverture de la séance, de ce qu'un député de notre parti, M. Dupin, a fait la proposition de ne pas prêter le serment, ce qui a produit une discussion et un décret tel que je l'avais bien prévu. »

M. de Lafayette qui dit tout et peint sans crainte les sentiments qui l'animaient, va nous donner son impression sur la séance impériale qui eut lieu le lendemain, et où l'empereur prononça le discours que chacun connaît.

Ce langage digne, précis, et non exempt d'une certaine tristesse qu'on devine dans l'ensemble, bien qu'on ne puisse préciser la phrase qui l'exprime, fut couvert des plus chauds applaudissements et des cris sincères, répétés, enthousiastes, de *Vive l'empereur!* C'était un souverain constitutionnel, sans doute, qui s'adressait à ses collaborateurs, mais qui restait le supérieur et le maître qu'avait sacré le vote populaire ; ce n'était point le souverain parlementaire que nous avons connu depuis, qu'ont inventé nos prétendus libéraux et qui ne peut s'adresser à son Parlement qu'en termes d'une banalité étudiée, capable de concilier les apparences de la royauté avec la servitude réelle d'un prince qui ne peut qu'obéir, tout en paraissant commander.

La Constitution de 1815 envoyait à la Chambre, pour y discuter la loi, des ministres d'État et des conseillers d'État ; les ministres véritables, les ministres à département, ceux qui ont la charge et la responsabilité des affaires, ne

1. Voir aux notes,

devaient y apparaître que rarement et pour donner des renseignements. La vraie doctrine, sur ces matières délicates, — au moins en ce qui regarde notre pays, — était donc encore intacte, et si l'Acte additionnel se ressentait dans certaines de ses dispositions de l'influence dominante de l'époque et de la tournure des esprits à la mode de Benjamin Constant, d'un autre côté la personnalité de l'empereur était encore si haut placée dans l'admiration du monde, que le Gouvernement pouvait utilement marcher, si chacun consentait à rester dans son rôle. L'empereur était allé aux limites extrêmes que peut consentir un chef plébiscité et par conséquent hiérarchiquement supérieur à tous. L'Assemblée consentirait-elle à rester dans le sien, à s'inspirer uniquement du salut de la patrie, pendant la tourmente qui s'approchait? Hélas! elle était destinée à faire en quelques jours tous les genres de fautes qu'une Assemblée souveraine peut commettre, pendant que l'empereur, dans ce même espace de temps, devait connaître tous les genres d'infortunes qu'un grand homme peut souffrir.

Si la cérémonie officielle de l'ouverture des Chambres avait été imposante, si elle avait rempli d'enthousiasme les cœurs sincères et

naïfs de l'immense majorité des assistants, elle
n'avait assurément pas désarmé la haine secrète
des *politiques* contre le guerrier qui allait se
battre pour la patrie, de ce petit groupe de
libéraux qui sentaient avec justesse que Napoléon ne pouvait pas être et ne serait jamais un
souverain parlementaire : il faut en effet avoir
la taille de cette petitesse. Aussi ces *gens d'esprit*,
qui n'avaient ni le sens politique ni le sentiment
patriotique qui convenaient aux circonstances,
se riaient tout bas de ces *naïfs* qui n'avaient que
le goût de défendre la patrie en se servant de
la seule arme redoutable dont disposât alors la
France : l'épée de l'empereur. Une lettre de
M. de Lafayette, écrite à cette époque, et publiée
dans ses *Mémoires*, peint bien le sentiment
qui l'animait, lui et ses amis : « Pendant la
grande séance, j'étais resté à ma place, oubliant
que le bureau était de la députation, lorsqu'on
est venu me chercher pour recevoir l'empereur.
C'est dans le salon où il s'arrêta que nous avons
renouvelé connaissance : « — Il y douze ans que
« je n'ai eu le plaisir de vous voir, me dit-il. »
Je répondis assez sèchement : « — Oui, Sire, il y
« a ce temps-là. » Nous sommes entrés dans la
salle où l'ennuyeuse cérémonie du serment par
appel nominal a eu lieu. Vous serez content de

son discours; je ne l'ai pas été de sa figure, qui m'a paru celle d'un vieux despote irrité du rôle que sa position le forçait à jouer (le rôle de souverain constitutionnel). Nous sommes restés longtemps près de lui, Flaugergues et moi, pendant qu'on montait en voiture (à la sortie).

« — Je vous trouve rajeuni, m'a-t-il dit; l'air « de la campagne vous a fait du bien. — Il m'a « fait beaucoup de bien, ai-je répondu. » Je ne pouvais lui rendre son compliment, car je le trouvais bien changé; comme ni l'un ni l'autre ne voulait baisser les yeux, nous y avons lu ce que chacun pensait. »

L'ADRESSE

Il n'est pas difficile de révéler les pensées des deux interlocuteurs; Lafayette haïssait l'empereur et Napoléon n'avait pour Lafayette que de l'indifférence, indifférence regrettable peut-être, car grâce au Parlement, c'est le sujet qui allait bientôt parler en maître à son souverain. Chaque jour, en effet, s'affirmait le double courant qui se formait distinctement dans la Chambre : d'un côté l'énorme masse des *ingénus*, qui cherchaient encore à profiter de toutes les circonstances pour unir l'empereur et la Chambre, et, de l'autre, le petit groupe des *gens d'esprit*, des *malins*, qui trouvaient toujours d'excellentes raisons pour faire avorter ces tentatives patriotiques. Un jour M. *Garnier* se lève et demande que le procès-verbal de la séance du mardi justifie par une mention formelle de l'unanimité avec laquelle la Chambre s'est associée à la politique de l'empereur : « Il importe, dit-il, que la France entière qui nous regarde, que les étrangers qui nous observent, sachent que les représentants sont dignes de leur mandat, qu'il n'y a aucun dissentiment parmi nous lorsqu'il s'agit de sauver le pays, que dans ce but glorieux nous ne faisons qu'un avec notre chef comme il ne fait qu'un avec nous.

« En vain les rois se coalisent pour nous faire la guerre, nous n'avons pas besoin, nous, de coalition ; nous n'avons besoin que de nos cœurs et de nos enfants pour faire triompher la patrie. »

M. le président trouve aussitôt que cette unanimité trop souvent constatée pourrait avoir dans la pratique quotidienne quelques inconvénients ; et puis, dit un autre député, si cette unanimité ne se retrouvait pas aujourd'hui, l'effet que l'on veut produire serait tout à fait manqué. Bref, on enterre la proposition.

M. *Félix Lepelletier*, un républicain d'ancienne date et frère de Lepelletier de Saint-Fargeau, assassiné au Palais-Royal pendant la Révolution, propose d'insérer dans l'Adresse, en réponse au Discours du trône, que Napoléon est *le sauveur de la patrie*. « En vain, s'écrie-t-il, les rois prétendent nous faire changer de sentiment et nous ordonnent de choisir un chef de leur goût, et puisque la sagesse est bannie du congrès de Vienne, il ne nous reste qu'à en appeler à la valeur de nos armées. Si la flatterie et l'adulation ont décerné le surnom de *Désiré* à un prince que la France n'avait ni appelé ni attendu, l'équité ne nous prescrit-elle pas de décerner à Napoléon, qui, presque seul, sans autres moyens que la confiance, est venu nous sauver de l'esclavage apporté par les Bourbons, de lui décerner, dis-je, dans l'adresse le titre de Sauveur de la patrie. »

Un *malin*, — c'était M. Dupin, — lui crie de sa place : « Attendez qu'il l'ait sauvée ! » ce qui n'était que drôle, puisque l'orateur parlait du passé et non de l'avenir, et la motion fut écartée. C'était cependant la meilleure et la plus politique des réponses à faire à l'étranger, qui guettait nos

divisions et qui devait en tirer un profit si
lamentable.

La journée du 11 fut consacrée à l'audience
impériale où S. Exc. le président de la Chambre
lut l'Adresse des représentants. Ce document
mérite qu'on s'y arrête, car il constate, en
termes irrécusables, que l'Assemblée avait encore à cette date conservé le sens exact de la
situation.

Après avoir entendu la messe, l'empereur
prit place sur son trône, entouré de tous ses
ministres, et reçut la députation de la Chambre
ayant à sa tête S. Exc. le comte Lanjuinais,
son président.

L'Adresse débutait ainsi : « Sire, la Chambre
des représentants a accueilli avec une profonde
émotion les paroles émanées du Trône dans la
séance solennelle où Votre Majesté, déposant le
pouvoir' extraordinaire qu'elle exerçait, a proclamé le commencement de la monarchie constitutionnelle. (Suit un paragraphe sur la constitution.) Mais en même temps, Sire, la Chambre
des représentants ne se montrera pas moins
empressée de proclamer ses sentiments et ses
principes sur la lutte terrible qui menace
d'ensanglanter l'Europe. A la suite d'événements désastreux, la France envahie ne parut

un moment écoutée sur l'établissement de sa constitution que pour se voir presque aussitôt soumise à une Chambre royale émanée du pouvoir absolu, à une ordonnance de réformation toujours révocable de sa nature et qui, n'ayant pas l'assentiment exprimé du peuple, n'a jamais pu être considérée comme obligatoire par la nation.

« Reprenant aujourd'hui l'exercice de ses droits, se ralliant autour du héros que sa confiance investit de nouveau du gouvernement de l'État, la France s'étonne et s'afflige de voir les souverains en armes lui demander raison d'un changement intérieur qui ne porte atteinte ni aux relations existantes avec les autres gouvernements, ni à leur sécurité. La France ne peut admettre ces distinctions à l'aide desquelles les puissances coalisées cherchent à voiler leur agression ; attaquer le monarque de son choix, c'est attaquer l'indépendance de la nation ; elle est armée tout entière pour défendre son indépendance et pour repousser, sans exception, toute famille et tout prince qu'on oserait vouloir lui imposer. Aucun projet ambitieux n'entre dans la pensée du peuple français, la volonté même du prince victorieux serait impuissante pour entraîner

la nation hors dés limites de sa propre défense.   11 juin.
Mais aussi, pour garantir son territoire, pour
maintenir sa liberté, son honneur, sa dignité,
elle est prête à tous les sacrifices... »

.   .   .   .

L'empereur répondit avec la simplicité et
la hauteur qui lui étaient habituelles ; mais,
comme c'est le portrait de la Chambre et non
le sien que nous esquissons, nous ne donnerons
pas sa réponse, qui est d'ailleurs dans toutes les
mémoires.

A trois heures du matin, le 12 juin, il partit
pour Waterloo.

LE RÉGIME PARLEMENTAIRE ET LE RÉGIME CONSTITUTIONNEL

L'empereur absent, c'était la partie dévouée
du Corps législatif livrée sans contrepoids et
sans guide aux entreprises astucieuses de la
minorité, que la défaite de la France rendait
victorieuse. Les Assemblées politiques que ne
dirige ni un chef élu par le peuple ni une aristocratie respectée sont en effet trop impressionnables pour résister virilement à l'émo-

tion produite par de grands désastres. Elles perdent tout sang-froid et deviennent la dupe et la proie de quelques esprits politiques qui profitent du désarroi général pour essayer de faire la fortune de leur parti et la leur propre.

Au début de la séance du 15, M. Boulay (de la Meurthe) annonce à la Chambre que le 15, à trois heures du matin, l'ennemi commençait son mouvement contre l'armée française, et que Sa Majesté marchait à sa rencontre ; la guerre était sans doute engagée au moment même où l'orateur parlait. Cette communication, qui aurait dû émouvoir grandement la Chambre, semble accueillie avec une sorte d'indifférence ; et quand le ministre d'État dépose le rapport de son collègue de l'intérieur sur la situation générale du pays, le seul sentiment qui paraît dominer les esprits est celui d'une susceptibilité singulière au sujet de la forme même de ce document : « Je demande à notre collègue Boulay (de la Meurthe), dit M. Jay, pourquoi le rapport que nous venons d'entendre est adressé à l'empereur et non à la Chambre. La question lui semble des plus importantes, et ce n'est point, dit-il, par des discours, par des amendements à l'Acte additionnel, que l'on parviendra à faire une bonne Constitution ; il faut contracter la forte habitude de ses principes et de son esprit : Dans un pays voisin du nôtre, les ministres du roi paraissent dans la Chambre des communes, ils y siègent, ils répondent aux interpellations qui peuvent leur être adressées. »

Le moment était des plus singulièrement choisis pour discuter une thèse de droit constitutionnel, quand à la frontière le canon tonnait ; mais il ne faudrait pas croire que la question ne fût pas des plus graves : elle contenait, selon la solution qu'on lui donnerait, le bonheur ou le malheur de ce pays, — on verra bientôt que ces deux mots n'ont rien d'exagérés ; — mais cette matière était encore bien peu connue, et dans la Chambre, à l'exception de quelques partisans de la constitution anglaise, on n'en soupçonnait pas l'importance. Aujourd'hui qu'une triste expérience nous a éclairés, nous savons tous qu'un souverain qui laisse paraître des ministres dans les Chambres est à leur merci, car elles sont toujours maîtresses de les renvoyer, tandis que le chef d'État n'a que la vaine ressource de les lui proposer. Or celui-là est le maître qui renvoie un ministère ; qui se borne à le nommer n'est que le serviteur. On conçoit parfaitement qu'il en soit ainsi dans

 les pays qui ont conservé une aristocratie
investie de tous les emplois, comblée de privilèges, propriétaire de la terre, car cette aristocratie, n'a pas d'autre moyen de gouvernement qu'une assemblée qu'elle dirige et dont
elle est maîtresse ; mais une pareille institution
dans une nation démocratique qui nomme plé-
biscitairement son chef et lui donne ainsi un
pouvoir considérable, est un véritable non-sens,
car il est ridicule de demander au peuple de
choisir son chef, pour l'obliger ensuite à prendre
les ordres d'une réunion de députés, obscurs
pour la plupart, et dont le mandat est d'une
durée fort limitée.

M. Boulay se borna à répondre qu'il ne comprenait rien aux susceptibilités de son collègue (il les comprenait probablement plus qu'il
ne lui convenait de le dire) ; que l'empereur
avait incontestablement le droit de demander
un rapport à un de ses ministres, et que ce
dernier ne pouvait pas être blâmé pour avoir
voulu le communiquer à la Chambre. On
demande l'ordre du jour : mais avec le flair
naturel à tous les ambitieux, — et toutes les
assemblées sont ambitieuses, — la Chambre commence à deviner qu'il s'agit pour elle d'une prérogative des plus importantes et repousse l'ordre du

jour pour écouter les orateurs qui se pressent
à la tribune. M. Manuel se présente et paraît
fort partisan de la présence des ministres à la
Chambre : « Qu'arriverait-il, en effet, si M. le
ministre d'État qui porte la parole dans cette enceinte n'était pas suffisamment renseigné pour
répondre à toutes les demandes qui pourraient
lui être adressées ? Est-ce donc la première fois
que les ministres ont paru devant les représentants de la nation ? Dans les anciennes
Assemblées nationales ne paraissaient-ils pas
fréquemment ? Est-il d'ailleurs une circonstance
plus importante pour réclamer leur présence que
celle où l'état de nos relations politiques est mis
sous les yeux de la nation tout entière dans la
personne de ses représentants ? La question est
donc grave et mérite toutes vos méditations. »

« Êtes-vous responsables ? demande un
membre à M. Boulay (de la Meurthe).

« Assurément, non, répond celui-ci, puisque
nous ne faisons que communiquer les rapports
des ministres, rapports signés par eux seuls.
S'il nous arrivait, d'ailleurs, de n'être pas complètement renseignés, et de nous trouver dans
l'embarras pour répondre à une interpellation,
nous en serions quittes pour aller chercher des
instructions supplémentaires. »

Pour trancher la question, qu'il regarde à la fois comme bien grave et imparfaitement expliquée dans l'Acte additionnel, M. Lepelletier propose de la renvoyer à l'examen de la commission de Constitution.

M. Regnault de Saint-Jean-d'Angely déclare que, sur le point précis de la présence nécessaire des ministres à la Chambre, l'Acte additionnel ne donne pas de solution, et qu'il lui serait assez malaisé d'interpréter ce silence; quant aux précédents anciens, ils ne sauraient s'appliquer utilement à une monarchie, et quant à ceux qui sont récents, ceux que l'on pourrait puiser dans les habitudes du Corps législatif de l'empire, ils interdiraient aux représentants la faculté d'appeler à leur gré les ministres parmi eux, dans la crainte qu'un vote défavorable survenant sur une de leurs propositions, ils fussent dans l'obligation morale de donner leur démission.

M. Roy lui répond, tout en concluant comme de précédents orateurs qu'il convient de renvoyer la question à la commission spéciale. Il soutient, chose plus grave, que la Constitution de l'an VIII, qui, selon lui, n'est pas abrogée sur ce point, exige que toute déclaration de guerre soit au préalable discutée et votée par le Corps législatif. Or, le rapport qui vient d'être

lu suppose la guerre déclarée, et la Chambre   15 juin
n'a pas été consultée !

Le coup était vif, car, en ce moment-là même,
le sang coulait, et l'on insinuait qu'il coulait
pour le bon plaisir d'un homme et contre le
vœu de la nation.

M. Sébastiani riposte avec vivacité que l'orateur a mal lu la Constitution de l'an VIII, car il
y aurait vu qu'en cas d'agression, le chef du
pouvoir exécutif peut la repousser sans passer
par les lenteurs d'une loi à discuter et à voter.

Or, l'agression est aujourd'hui flagrante ! Fau-
dra-t-il attendre que l'ennemi soit à nos portes
pour s'occuper de la défense du territoire ; au
nom de l'honneur national, au nom du salut de
l'État, il propose l'ordre du jour sur la proposition de M. Roy.

Les partisans secrets du régime parlementaire, c'est-à-dire les adversaires masqués de
l'empereur, perdirent cette partie pour s'être
trop avancés ; il est vrai qu'ils allaient bientôt
prendre une éclatante et triste revanche :
Waterloo était proche ; c'est dans ces jours
sinistres que les amateurs de constitutions
dites *libérales* se donnent le plaisir d'une révolution et renversent le souverain qu'elles aspi-
rent à remplacer.

Alors que ces bruits avant-coureurs des deuils de la patrie, ces pressentiments qui pénètrent les foules avant qu'aucune information ait eu le temps de parvenir à sa destination, commençaient à se répandre à Paris et jetaient l'épouvante au sein de la capitale, alors qu'on parlait dans toutes les rues d'un désastre affreux dont le nom historique n'était pas encore trouvé, ce jour-là, tous les bureaux, tous les orateurs, tous les importants de la Chambre se livraient aux joies pures de l'enfantement de leur règlement intérieur; jamais on ne compta dans une seule séance autant d'orateurs à la tribune, Carnot, Regnaud, Sapey, Broussous, Jay, Ligueret, Merlin, Jacotot, Flaugergues, Tripier, Durbach, Duchesne, Mourgues, se succèdent et parlent souvent plusieurs fois.

WATERLOO

La triste nouvelle officiellement connue à Paris y provoqua des sentiments contraires.

Au milieu de la confusion apparente des idées échangées dans les salons et des cris proférés dans la rue, il est aujourd'hui facile à un observateur qui veut rester impartial, qui n'a d'ail-

leurs aucune haine même contre les hommes
pervers et n'a de passion ardente que contre les
mauvaises institutions, de suivre les deux grands
courants d'opinion qui se formèrent immédiatement : les uns voulaient garder Napoléon, et
les autres s'en débarrasser : tous les sophismes,
toutes les argumentations échangés de part et
d'autre n'avaient pas d'autre but.

Il est inutile de peindre la joie des royalistes
à la nouvelle du désastre ; la cause de l'empereur perdait tout le terrain que gagnait celle des
Bourbons : ils ne firent pas les hypocrites et
souhaitèrent ouvertement le succès définitif des
armées alliées ; c'était un triste sentiment qu'ils
oseraient à peine avouer de nos jours ; mais la
joie du triomphe prochain, la colère contre le
grand homme enfin vaincu, voilaient à leurs
yeux la sainte image de la patrie que, de très
bonne foi d'ailleurs, ils ne reconnaissaient plus
depuis que Napoléon y avait contenu et fait
vivre glorieusement cette Révolution qu'ils
détestaient. Ne nous hâtons pas de les blâmer ;
peut-être que, si nous eussions été dans leurs
rangs, nous aurions ressenti les mêmes passions et commis les mêmes erreurs ; chaque
parti d'ailleurs est formé pour la défense de principes qui contiennent tous une part de vérité ;

sans doute, les partisans d'une même cause ne sont pas également honorables, mais ces indignes ne doivent pas faire oublier les dignes et permettre de croire à l'existence possible d'un principe qui serait entièrement faux. Les royalistes, malgré les vingt-cinq ans écoulés, croyaient pouvoir facilement remettre en lumière et en honneur leur royauté séculaire, et il n'est point étonnant qu'ils aient alors trouvé quelque crédit en affirmant que la Révolution avait épuisé toutes ses ressources, que les révolutionnaires purs, aussi bien que les guerriers étaient morts à la peine et que le plus grand d'entre eux, ce'ui-là même dont on admirait secrètement le génie, tout en détestant la politique, venait de succomber à la tâche. Pourquoi, disaient-ils, s'acharner, contre toute prudence et toute raison, à défendre un état de choses que l'Europe monarchique était décidée à ne pas supporter ? A supposer l'impossible, c'est-à-dire une victoire nouvelle de la France après de si grands revers, il faudrait recommencer éternellement une lutte fatale dont l'issue ne pouvait être douteuse, car les alliés étaient décidés à jouer leur existence pour arrêter cette révolution qui ne leur laissait aucun repos, et, réunis, ils pouvaient mettre sur

pied des armées bien plus nombreuses que les
nôtres.

Ce raisonnement était faible, et l'avenir en a démontré toutes les faiblesses, car rien ne prouve que l'Europe, aussi fatiguée de la guerre que nous pouvions l'être, n'eût pas désarmé après avoir perdu une nouvelle bataille, et il est certain qu'au prix d'une invasion nouvelle du pays, les légitimistes, malgré leur passage au pouvoir, n'ont pas réussi à se délivrer de ces principes révolutionnaires qui règnent encore triomphants dans nos codes ; ils ont assouvi leur haine sur les défenseurs du droit nouveau et fait couler un sang glorieux, mais le droit lui-même est resté vivant.

La haute bourgeoisie avait avec les royalistes un point commun : la haine de l'empereur et l'espérance de venir à bout de ce héros incommode pour ses prétentions politiques ; elle se séparait d'eux par son attachement raisonné à la Révolution qui les avait doublement grandis en augmentant leurs droits et en détruisant les privilèges de la noblesse qui inquiétaient et blessaient son amour-propre ; les Bourbons n'étaient pas leur fait, mais ils tenaient en réserve le duc d'Orléans, que son titre aussi bien que certains de ses actes publics indiquaient naturellement aux monarchistes peu enclins à laisser le premier rôle aux partisans de la branche aînée.

Ils étaient bien peu nombreux à la Chambre, qu'ils dirigèrent, cependant, dans toute sa triste existence; mais ils répondaient au sentiment du monde riche, lettré, aspirant à exercer le pouvoir et très fatigué par les sacrifices en hommes et en argent qu'avaient exigés les guerres de l'empire et de la Révolution; c'est en s'appuyant sur ce sentiment de lassitude et sur cette ambition qu'ils trouvaient un certain crédit dans le pays.

L'Autriche, la Prusse, la Russie, l'Angleterre surtout, où le mécontentement s'exprimait presque par l'émeute, étaient aussi fatiguées que nous pouvions l'être, mais elles avaient remis le soin de leur destinée à des chefs ou à une aristocratie capables de vaincre la lassitude commune et de faire un dernier et victorieux effort. Les classes moyennes, en aucun pays du monde, ne sont capables de cette énergie désespérée, et ce fut, hélas! trop souvent le tort de la France de confier ses destinées à un Parlement souverain, nécessairement inspiré par la haute bourgeoisie, qui a tous les genres d'intelligence, hormis l'intelligence politique, et tous les genres de courage, hormis celui de résister à ses passions.

20 juin

Le peuple, dans sa masse, aussi bien aux champs qu'à la ville, ne comprenait rien aux intrigues qui se nouaient de toutes parts, et, plein d'enthousiasme pour son empereur, exalté par ses haines contre l'étranger qu'il avait appris à vaincre sur vingt champs de bataille, et qui s'avançait menaçant pour nous dicter sa loi, le peuple ne comprenait et n'approuvait qu'une conduite : réunir les débris épars de notre armée défaite et les jeter de nouveau sur les Anglais et les Prussiens qui s'aventuraient sans aucune prudence sur notre territoire. Pour cette besogne, Napoléon était nécessaire ; aussi criaient-ils *Vive l'empereur!* d'une voix si forte, que tous ceux qui avaient juré publiquement ou secrètement sa perte se montraient fort inquiets.

Ce sens politique qui animait ainsi l'ouvrier comme le laboureur n'échappait ni à nos ennemis ni aux partisans de nos principes nouveaux, alors même qu'ils n'avaient que peu de goût pour la personne de l'empereur. « Deux hommes éminents, dit M. Thiers, partageaient cet avis, Carnot et Sieyès : Carnot, parce qu'en vivant trois mois auprès de Napoléon, en le voyant simple, ouvert, prêt à reconnaître ses fautes quand on ne les lui reprochait pas et voué

20 juin.

tout entier à la défense du pays, il avait fini par s'attacher à lui; Sieyès, parce que tout en n'aimant point Napoléon, pas plus aujourd'hui qu'autrefois, il jugeait la situation avec sa supériorité d'esprit accoutumée, et pensait qu'il fallait, ou résister avec Napoléon, ou se rendre immédiatement aux Bourbons. Or, comme cette dernière solution était pour lui inadmissible, il n'hésitait pas et était d'avis de s'unir à Napoléon, franchement, énergiquement en mettant dans ses mains toutes les forces du pays. Il le dit en termes très vifs à M. Lanjuinais, qu'il trouva fort ébranlé par la nouvelle de Waterloo : « Pensez bien, lui dit Sieyès, à ce que vous allez faire, car vous n'avez que cet homme pour vous sauver; ce n'est pas un tribun qu'il vous faut, mais un général; lui seul tient l'armée et peut la commander. Brisez-le, après vous en être servi, ce n'est pas moi qui le plaindrai ; mais sachez vous en servir auparavant, mettez dans ses mains toutes les forces de la nation : et vous échapperez peut-être au péril qui vous menace ; autrement, vous perdrez infailliblement la Révolution et peut-être la France elle-même[1]. »

Ainsi raisonnaient les gens sensés qui n'étaient

---

1. Thiers. *Histoire du Consulat et de l'Empire*, t. XX, p. 346.

point légitimistes, — car ces derniers pouvaient
paraître logiques avec eux-mêmes en tenant un
tout autre langage. — Ainsi raisonnait l'immense majorité des bonapartistes qui siégeait
au Corps législatif, ainsi sentait ce peuple capable de toutes les erreurs, mais facile à tous
les enthousiasmes et ne marchandant pas sa vie,
qu'il expose souvent pour des causes moins
nobles que celles de l'indépendance de la patrie.
La comparaison que nous sommes obligé de
faire n'emporte pas nécessairement de blâme
pour ceux-là et d'éloges pour ceux-ci ; l'ouvrier
enrichi aurait eu probablement les sentiments
du bourgeois arrivé à la fortune ; mais ce qu'il
faut répéter, parce que c'est un enseignement
utile, c'est que, pour défendre énergiquement
un pays menacé par l'étranger, il faut se servir
des hommes habitués au sacrifice de la vie et
non remettre ses destinées à ceux que la crainte
de tout perdre détourne du dévouement.

LA RÉVOLUTION FAITE PAR LA CHAMBRE

EN PRÉSENCE DE L'ENNEMI

Quand le 21 au matin s'ouvrit la séance des représentants, une peur horrible avait envahi l'âme de ces législateurs qui allaient devenir des souverains. Fouché, qui avait un pied dans tous les camps et les trahissait tous successivement sans vergogne, au gré de ses caprices et de ses intérêts, changeant chaque jour avec les événements, Fouché avait fait dire par tous ses amis que l'empereur n'avait qu'un désir, c'était de dissoudre la Chambre ; qu'il sentait bien ne pouvoir gouverner utilement et se battre de nouveau avec une Assemblée dans le dos. La mesure était si parfaitement raisonnable, que tout le monde y crut et, malgré l'incontestable légalité de l'acte en lui-même, tout le monde se prépara à la désobéissance. Sans doute, il était fâcheux de retourner chez soi après une session de vingt jours, quand on avait rêvé une longue et grande importance politique, mais les effets d'une désobéissance à la loi pouvaient être terribles et ils le furent.

A midi et quart, la séance est ouverte, et c'est 21 juin. au milieu du silence, qui précède les décisives manifestations faites à la tribune, que M. de Lafayette se leva et prononça ces historiques paroles :

« Messieurs, lorsque la première fois, depuis bien des années, j'élève une voix que les vrais amis de la liberté reconnaîtront encore, je me sens appelé à vous parler des dangers de la patrie, que vous seuls à présent avez le droit de sauver.

« Des bruits sinistres s'étaient répandus, ils sont malheureusement confirmés ; voici l'instant de nous rallier autour du vieil étendard tricolore de 89, celui de la liberté, de l'égalité et de l'ordre public ; c'est celui-là seul que nous avons à défendre contre les prétentions étrangères et contre les tentatives intérieures. Permettez, messieurs, à un vétéran de cette cause sacrée, qui fut toujours étranger à l'esprit de faction, de vous soumettre quelques résolutions préalables dont vous apprécierez, j'espère, la nécessité.

« ARTICLE PREMIER. — La Chambre des représentants déclare que l'indépendance de la nation est menacée.

« ART. 2. — La Chambre se déclare en permanence. Toute tentative pour la dissoudre est un crime de haute trahison ; quiconque se rendrait coupable de cette tentative sera traître à la patrie et sur-le-champ jugé comme tel.

« ART. 3. — L'armée de ligne et les gardes nationales, qui ont combattu et combattent encore pour défendre la liberté, l'indépendance et le territoire de la France, ont bien mérité de la patrie.

« ART. 4.—Le ministre de l'intérieur est invité à réunir à l'état-major général les commandants et majors de légion de la garde nationale parisienne, afin d'aviser aux moyens de lui donner des armes et de porter au plus grand complet cette garde citoyenne, dont le patriotisme et le zèle éprouvé depuis vingt-six ans offrent une sûre garantie à la liberté, aux propriétés, à la tranquillité de la capitale et à l'inviolabilité des représentants de la nation.

« ART. 5. — Les ministres de la guerre, des relations extérieures, de la police et de l'intérieur sont invités à se rendre sur-le-champ dans le sein de l'Assemblée. »

C'était la révolution, et celle qui est la plus féconde en malheurs publics : la révolution faite devant l'ennemi. En se déclarant en permanence et en mandant les ministres à sa barre,

l'Assemblée violait ouvertement la Constitution   21 juin.
qu'elle venait de jurer et concentrait entre ses
mains le pouvoir exécutif attribué au chef de
l'État.

La motion est appuyée de toutes parts; on
vote sur l'ensemble amendé par le retrait de
l'article 4, réputé inutile jusqu'au moment où
on aura entendu les ministres, et elle est votée!
M. Dubois et M. Dupin insistent auprès de la
Chambre et obtiennent d'elle que la motion
sera imprimée dans Paris et dans la France
entière.

Il n'était pas besoin d'une aussi grande publicité pour faire tressaillir de joie Wellington et
Blücher : la France venait d'être désarmée et
sa vaillante épée brisée par des Français !

Mais, dira-t-on, ces malheureux avaient donc
tous perdu la tête pour se prêter à de pareilles
manœuvres visiblement dirigées contre l'empereur qu'ils aimaient, et ne pouvant avoir pour
effet que de détruire toutes les garanties dont
ils souhaitaient de voir entourés leurs intérêts
matériels et politiques. Hélas! oui, ils avaient
perdu la tête, et il en sera toujours ainsi dans
de pareilles circonstances ; on aurait la certitude de réunir en France les six cents personnages individuellement les plus intelligents du

pays, que, de par leur réunion, ils constitue
raient une assemblée souveraine inintelligente
et capable, par simplicité, par entraînemen
irréfléchi aux passions qui la traversent, d'ame
ner les plus grands malheurs.

Dans notre pays démocratique, c'est un non
sens que le législateur soit souverain ; mais a
jour du danger, c'est une véritable calamité.

Il faut croire d'ailleurs que la sottise a so
ivresse comme le sang : Regnault (Saint-Jean
d'Angely) venait à peine de quitter la tribun
pour annoncer que l'empereur, désirant s'as
socier aux travaux du Corps législatif, le priai
de nommer une commission chargée, de concer
avec les ministres, de prendre les mesures né
cessaires au salut commun, que M. Desportes
se faisant l'écho de la peur que ressentait l'As
semblée, demande la nomination d'une commis
sion administrative de cinq membres chargée d
pourvoir aux moyens de protéger l'Assemblée
la commission est nommée immédiatemen
M. Jay se lève à son tour et demande l'envo
d'un nouveau message aux ministres, qui tarden
bien à se présenter. Un membre revient sur l
sujet qui passionne tous les cœurs, et fait l
motion d'appeler la garde nationale parisienn
à la défense de la Chambre. M. Penières rappell

timidement que l'empereur est le chef constitutionnel de la garde nationale, et que le général Durosnel, qui est sous ses ordres, pourrait
hésiter à obéir aux injonctions des représentants.
« Nommons alors nous-mêmes le commandant
de la garde nationale, répond-on de toutes parts ;
d'ailleurs, nous pouvons toujours demander quelques bataillons, qu'on n'osera pas nous
refuser... » Les motions se succédaient au milieu
du bruit des conversations échangées à voix
haute ; la Chambre, attendant les ministres,
était présente, mais, en réalité, ne siégeait plus ;
chacun se livrait à la colère de sa peur, et le
tumulte ne semblait plus pouvoir être apaisé.
M. Sébastiani parvient à se faire entendre
quelques instants : il veut que *le président
mande les chefs* de chaque légion de la garde
nationale... D'autres s'écrient qu'il faut exiger
la déchéance, et on était à crier à *l'arrestation*,
lorsque les ministres, ayant à leur tête Lucien,
parurent à l'Assemblée ; la présence du frère
de l'empereur intimida d'abord ces courageux
contre le vaincu, car ils se rappelaient le rôle de
ce prince au 18 brumaire. Voyant que, loin de
faire arrêter les auteurs de la proposition révolutionnaire, Napoléon se bornait à réclamer le
concours de la Chambre, celle-ci cessa d'avoir

peur, et, supposant à son tour qu'on avait peur d'elle, puisqu'on ne la brisait pas, elle devint de plus-en plus audacieuse ; le tumulte qui avait cessé avec la présence des ministres devint effroyable après qu'ils eurent parlé, et ce n'est qu'après de nombreux efforts et avoir tenté vingt fois de s'installer à la tribune que M. Jay parvint à obtenir le silence : il analyse brièvement les rapports des ministres au sujet de la situation intérieure et extérieure de la France, et dépeint cette situation sous les couleurs les plus sombres. En terminant, il se tourne vers Lucien et lui dit :

« Et vous, prince, qui avez montré un noble caractère dans l'une et l'autre fortune, retournez vers votre frère ; dites-lui que l'Assemblée des représentants du peuple attend de lui une résolution qui lui fera plus d'honneur dans l'avenir que toutes ses victoires ; dites-lui qu'en abdiquant, il peut sauver la France ; dites-lui enfin que sa destinée le presse ; que dans un jour, dans une heure peut-être, il ne sera plus temps ! Je demande la nomination d'une commission qui sera chargée d'aller demander à Napoléon son abdication et de lui annoncer qu'en cas de refus, l'Assemblée prononcerait sa déchéance. »

Lucien se lève et réplique. Lafayette revient

à la charge. Manuel, Girod (de l'Ain), Dupin lui font cortège ; mais c'était trop présumer, pour ce jour-là, de la docilité de cette Chambre bonapartiste ; elle avait voté et obtenu sa permanence et ne comprenait pas encore que la déchéance s'ensuivrait à bref délai. Sur la pente révolutionnaire on roule, on ne s'arrête pas ; à chaque jour sa sottise. Les meneurs s'ajournèrent au lendemain.

L'EMPEREUR ET LA RÉVOLUTION

Avant de rentrer dans cette Chambre où l'on faisait de si triste besogne, il faut répondre à une question que se posent tous les esprits réfléchis à la lecture de ces débats. L'intérêt évident du pays, comme celui de tous les pays du monde, est de ne pas laisser une assemblée discuter quand on se bat ; l'empereur avait de plus le droit incontesté de dissoudre la Chambre. Pourquoi donc n'usa-t-il pas des moyens qui lui restaient entre les mains pour sauver le pays ?

Il est hors de doute qu'il pensa plus d'une fois à la dissolution ; un grand nombre de ses conversations qui ont été rapportées par ses interlocuteurs en font foi : il ne s'arrêta pas à cette pensée. Eut-il tort? eut-il raison? Quand on est en face de pareils hommes, le plus sûr est de leur laisser la parole.

Ce soir-là donc, et comme Lucien se promenait avec l'Empereur à l'Élysée et que tout autour d'eux retentissaient des cris enthousiastes, frénétiques, de *Vive l'empereur!* poussés par le peuple : « Eh bien! sire, lui dit Lucien, vous entendez ces cris passionnés : on vous demande des armes, on veut que vous dirigiez toutes les forces nationales, il en est ainsi dans tout l'empire ; abandonnez-vous la France aux factions ? — Suis-je plus qu'un homme, lui répondit Napoléon, en répondant par un salut de la main à cette foule qu'un seul mot, un seul geste aurait précipitée sur la Chambre ; suis-je plus qu'un homme pour ramener à l'union, qui seule peut sauver la France, cinq cents députés égarés? ou suis-je un misérable chef de parti pour allumer inutilement la guerre civile ? Non, jamais! Que l'on essaye de ramener les Chambres, je ne demande pas mieux : je puis tout avec elles ; je pourrais beaucoup sans elles pour mon intérêt, mais je ne saurais peut-être sauver la patrie... Je vous défends de haranguer, en sortant, le peuple qui me demande des armes; je suis prêt à tout tenter pour la France, je ne veux rien tenter pour moi. »

Benjamin Constant, qui avait précédé Lucien dans le jardin de l'Élysée, et comme lui en avait fait le tour avec l'empereur, raconte qu'il fut pris d'une émotion profonde en entendant ces cris d'enthousiasme poussés jadis au milieu des fêtes, au sein des triomphes, et se mêlant tout à coup à un entretien sur l'abdication. Napoléon promena longtemps et silencieusement ses regards sur cette multitude passionnée : « Vous le voyez, dit-il à son ancien adversaire, ce ne sont pas ceux-là que j'ai comblés d'honneurs et de richesses! Que me doivent-ils? je les ai trouvés pauvres, et je les ai laissés pauvres; mais l'instinct de la nationalité les éclaire, la voix du pays parle par leur bouche, et, si je le veux, si je le permets, la Chambre rebelle n'existera plus!... Mais non, la vie d'un homme ne vaut pas ce prix; je ne suis pas revenu de l'île d'Elbe pour que Paris soit inondé de sang. »

Quant à la Chambre, enhardie par le silence de Napoléon et affolée par la peur d'être dissoute, on dirait qu'elle avait fait un raisonnement différent et qui peut se résumer ainsi : que Paris soit pris ou non par l'étranger, qu'importe ! Ce qu'il faut, c'est de me débarrasser de cet homme, qui est la guerre avec le succès possible, mais la guerre enfin, tandis que je veux la paix, à quelque prix que ce soit. Je ne ferai aucun sacrifice à l'union que l'empereur invoque et qui peut seule sauver l'indépendance du pays, mais je ferai tout pour moi, pour mes intérêts, pour ma peur, même une révolution !

En vérité, c'est aller trop loin que de lui prêter de pareilles pensées ; elle fit tout le mal, mais elle ne pensa pas le faire, et, à l'exception de quelques meneurs, ce fut une ingénue, une simple, plutôt qu'une coupable.

L'Assemblée siégeant en province, dans un coin quelconque de la France, aurait été peut-être docile sous la main de l'empereur ; mais dans ce Paris révolutionnaire, c'était impossible. De même que notre Corps législatif, notre capitale est toujours à la merci de quelques violents, et toute tentative pour dissoudre la Chambre eût probablement amené la guerre civile ; d'ailleurs, on ne fait pas deux 18 brumaire dans sa vie : il faut, pour ces expéditions aventureuses et salutaires, être jeune et victo-

rieux. La faute, si faute il y a, car il est toujours
téméraire de porter un jugement à distance et
sur la conduite d'un aussi vaste génie, ce fut de
n'avoir pas dissous l'Assemblée avant de partir
pour la guerre.

Le lendemain, à huit heures du matin, les
représentants, en arrivant à leur palais, furent
charmés d'en voir tous les abords occupés par
douze cents ou quinze cents hommes de la garde
nationale requis par la *commission administrative*. Ces affolés ne savaient pas encore, par l'expérience que nous avons acquise, que la milice
citoyenne peut servir à deux fins : qu'elle protège
et renverse tour à tour les assemblées, comme
les princes, dont on lui confie la garde ; il y a
entre elle et l'armée les mêmes différences
qu'on peut voir entre le jury et la magistrature,
composés tous deux de juges dont les premiers
se font gloire de suivre servilement les impressions politiques du moment et dont les autres
ont été créés pour faire respecter la loi, qu'elle
plaise ou déplaise à la foule qui les entoure.

Ce jour-là tout au moins, les représentants se
trouvèrent rassurés et purent s'occuper avec
entrain de la grosse question ébauchée la veille :
cette *déchéance* qui consommait la révolution

faite devant un ennemi victorieux et brisait l'épée de la France.

Ah! sans doute, ils n'imaginaient pas les affreux événements qui étaient l'inévitable conséquence de cette révolution. Si on les leur avait dit, ils auraient assurément reculé d'horreur et n'eussent jamais voté comme ils l'ont fait. Il n'y avait cependant en France que des gens absolument étrangers à la politique pour se faire les illusions auxquelles ils se livraient sans réserve et croire qu'on obtiendrait tout des alliés en renversant le seul rempart qui les séparait de notre pays.

L'histoire, par compassion pour eux, doit les supposer ignorants et naïfs à un degré tel, qu'il devienne impossible de parler de leur trahison.

L'ABDICATION EXIGÉE PAR LA CHAMBRE

En l'absence du président, M. Bedoch, l'un des secrétaires, s'installe au fauteuil et déclare la séance ouverte. Mais personne ne veut occuper la tribune; les ministres et les délégués de la Chambre s'étaient réunis la nuit aux Tuileries et l'on ne voulait entendre qu'eux.

A midi, le président et les vice-présidents 22 juin.
paraissent et lisent leur rapport. Il ne s'agissait dans ce document que des mesures à
prendre pour sauver la patrie, d'organisation
de la défense du pays, de levées d'hommes et
d'impôts ; ce fut un désappointement général :
on ne parlait pas de l'abdication ! Des murmures s'élevèrent, et l'impatience de l'Assemblée se manifesta sous des formes diverses.
M. Legrand (de la Creuse) suppute avec complaisance le nombre considérable des troupes
anglaises et prussiennes et l'état de désarroi
où se trouve notre armée ; il conclut naturellement à l'inutilité de la lutte, que le simple
bon sens indiquait au contraire comme utile
pour obtenir une paix acceptable, et comme
très probablement décisive en notre faveur, eu
égard aux forces que nous avions conservées
et à la témérité de Blücher, que l'on aurait
écrasé dix fois pendant que l'on perdait son
temps à discuter et à renverser le pouvoir.
M. Crochon remplace M. Legrand, et, pour
sauver la patrie, il propose d'adresser la déclaration suivante aux alliés :

« La nation française renonce à jamais à
toute conquête, à toute guerre d'offensive ou
d'ambition. — Elle ne prendra jamais les armes

que pour défendre son territoire ou pour défendre un allié injustement attaqué. — Elle veut conserver la monarchie constitutionnelle comme garantie de sa tranquillité. — On nommera cinq plénipotentiaires pour porter cette déclaration au quartier général des souverains alliés. »

Les historiens de l'époque ont qualifié cette proposition de *manifeste de la paix à tout prix, expression brutale de la lassitude causée dans le public officiel et les hautes classes de la bourgeoisie par vingt-cinq années de guerre.* — Il nous semble que c'est prendre beaucoup trop au sérieux un document dont l'étrange naïveté doit rester le trait le plus saillant.

M. Duchesne reprend ensuite le thème de M. Legrand sur les forces comparées de la France et de ses ennemis, et ajoute que la prétention, pour l'Assemblée actuelle, de copier celle de 1792, n'est pas discutable, non plus que la comparaison à faire de notre état social et militaire à celui de l'Espagne quand elle s'est levée tout entière pour se délivrer du joug des Français... Ayant obtenu un moment de silence, l'orateur parvient enfin à glisser une proposition qui était le seul but de son discours : « Nous n'avons, dit-il, qu'un parti à prendre,

c'est d'engager l'empereur, au nom du salut de
l'État, au nom sacré de la patrie qui souffre, à
déclarer son abdication. » A ces paroles, le
tumulte éclate dans toutes les parties de la
salle ; on ne distingue que la voix de Lafayette
s'écriant : « Si l'abdication tarde à venir, je pro-
poserai la déchéance ! » celle du général Sali-
gnac demandant qu'une députation de cinq
membres soit envoyée à l'empereur pour lui
exprimer l'urgence de cette décision ; mais il
supplie en même temps qu'on accorde *une
heure* au souverain, après quoi, s'il ne s'est
pas exécuté, on votera la déchéance. On s'oppose
avec violence à ce sursis, qu'on finit cependant
par accorder. Le ministre de la guerre (le prince
d'Eckmühl) apparaît à propos, pour faire passer
cette heure à ces altérés de révolution, et il
présente à l'Assemblée des chiffres précis sur
l'état officiel de l'armée au moment où il parle :
« Nous avons encore une armée de soixante
mille hommes à la frontière du nord ; on peut
en outre y envoyer vingt mille hommes avec de
la cavalerie et deux mille pièces de canon. » On
verra bientôt que ces chiffres, loin d'être exagérés comme l'avait prétendu un instant le maréchal Ney au Sénat, étaient au-dessous de la
vérité, et qu'avec de pareilles troupes comman-

dées par Napoléon, la patrie pouvait être encore sauvée.

Ce tableau rassurant au point de vue général n'était pas fait pour plaire aux *libéraux* de l'Assemblée ; ils trouvaient que, disposant de soldats de cette trempe, l'empereur pourrait avoir la pensée de faire respecter son autorité méconnue, et surtout qu'il pouvait venir à l'esprit de tout le monde de se servir de cette armée vaillante et exaspérée pour écraser Blücher ; mais c'était encore cette guerre détestée, et non cette paix pour laquelle ces amateurs de parlement entendaient tout sacrifier.

L'empereur, que l'on menaçait de quart en quart d'heure de la déchéance, se résigna à signer son abdication : sa grande clairvoyance, que le malheur aiguisait, ne lui laissait aucun doute sur le résultat inévitable de sa disparition de la scène politique. « Quand j'aurai abdiqué, dit-il à ses ministres en signant cet historique document, quand j'aurai abdiqué, vous n'aurez plus d'armée : dans huit jours, l'étranger sera sous Paris et les Bourbons derrière lui. »

Les représentants eurent donc l'ineffable joie d'entendre lire par leur président la déclaration célèbre datée de l'Élysée le 22 juin 1815 :

« Français,

« En commençant la guerre pour soutenir l'indépendance nationale, je comptais sur la réunion de tous les efforts, de toutes les volontés, et sur le concours de toutes les autorités nationales ; j'étais fondé à en espérer le succès. Les circonstances me paraissant changées, je m'offre en sacrifice à la haine des ennemis de la France. Puissent-ils être sincères dans leurs déclarations et n'en avoir réellement voulu qu'à ma personne ! Ma vie politique est terminée, et je proclame mon fils, sous le titre de Napoléon II, empereur des Français. Les ministres actuels formeront provisoirement le conseil de gouvernement. L'intérêt que je porte à mon fils m'engage à inviter la Chambre à organiser sans délai la régence par une loi. Unissez-vous tous pour le salut public et pour rester une nation indépendante. »

Des applaudissements *indécents*, ont dit quelques journalistes, accueillirent cette déclaration ; le mot n'est pas juste, car les marques de sympathie s'adressaient à la générosité et à la grandeur du sacrifice, et n'étaient point un insulte gratuite au malheur. Cette Chambre eut tous les genres de faiblesse et d'imprévoyance, mais dans son ensemble, elle avait de bons sentiments. Toutefois, les conséquences inévitables de ses faiblesses allaient se développer avec une foudroyante rapidité, et la logique des choses, qui a plus de rigueur que celle des hommes, poussait le pays aux catastrophes.

Après Fouché, qui n'apparaît un instant à la tribune que pour demander la nomination de cinq commissaires chargés de traiter avec les puissances (ce personnage était pressé d'entrer en communication avec elles), M. Dupin s'élance à la tribune et formule une proposition en cinq articles, qui contient : l'acceptation de l'abdication, — la conversion de la Chambre en Assemblée nationale, — la nomination d'une commission exécutive de cinq membres, deux choisis dans la Chambre des pairs et trois dans celle des représentants, et enfin la création d'une commission dite de la Constitution, dont le travail a pour but d'indiquer les conditions auxquelles le trône pourra être occupé *par le prince que le peuple aura choisi.*

M. Mourgues commence par où M. Dupin avait fini et propose de déclarer le trône *vacant* jusqu'à *l'émission des vœux du peuple.*

Des murmures violents étouffent ces deux

propositions ; elles blessaient la majorité qui 22 juin. venait de voter l'abdication sous la condition de la reconnaissance de Napoléon II ; elles effrayaient aussi la minorité qui voyait encore Napoléon debout et pouvant déchirer le contrat dont on n'exécutait qu'une partie. M. Garreau lit l'article 67 de l'*acte additionnel* qui écarte à jamais du trône les Bourbons et *les princes de leur famille*, et répond ainsi aux insinuations de M. Dupin, qui venait sans le dire de proposer le duc d'Orléans.

Regnault (de Saint-Jean-d'Angely) n'a pas de peine à ramener à la pudeur l'Assemblée étonnée et embarrassée de tant d'audace ; il fait voter un ordre du jour par lequel la Chambre arrête que le président et son bureau se rendront au palais de l'Élysée pour exprimer à Napoléon, au nom de la nation, la reconnaissance et le respect avec lesquels elle accepte le noble sacrifice qu'il a fait à l'indépendance et au bonheur du peuple français ; par lequel aussi la Chambre décide la nomination de cinq membres pour exercer provisoirement les fonctions du pouvoir exécutif. Après une apparition à la tribune de M. Durbach, qui affirme, avec la plus prodigieuse crédulité, partagée du reste par la majorité de la Chambre, que, Napoléon ayant abdiqué, les puissances alliées vont mettre bas les armes ; après une motion de M. Lacoste, dont le cerveau est toujours hanté par le spectre de la dissolution et qui affirme que dix mille hommes de troupes dévouées s'avancent sur Paris, pour rendre à la patrie l'incomparable service de fermer la bouche de ses orateurs et de remettre aux mains des guerriers leurs glorieuses épées ; — il n'était pas besoin de dix mille hommes pour cette salutaire besogne : un geste de l'empereur aurait suffi. — Après bien d'autres motions, on dépouilla les votes relatifs à la nomination des membres chargés du pouvoir exécutif. Carnot, Fouché et le général Grenier furent nommés par la Chambre.

Dupont de l'Eure et le baron Quinotte leur furent adjoints par la Chambre des pairs et composèrent à eux cinq le gouvernement provisoire.

Comme il arrive toujours en pareille circonstance, la Chambre, ne pouvant réellement gouverner à l'aide des six cents à sept cents membres qui la composaient, venait de résilier ses pouvoirs entre les mains d'une commission déclarée irresponsable : le président prévu de cette commission était Fouché, et ses collègues,

comme cela est encore inévitable, lui laissèrent
toute latitude pour agir.

A la dictature imposée au retour de l'Elbe par les circonstances et noblement abandonnée par Napoléon le Grand succédait la dictature absolue de Fouché !

L'imbécillité n'est jamais allée aussi loin.

Terminons le récit de cette triste et mémorable journée législative en rappelant les prophétiques paroles du chef vaincu par l'Europe et détrôné par des mains françaises, en réponse à la députation de la Chambre :

« Je vous remercie des sentiments que vous m'exprimez ; je désire que mon abdication puisse faire le bonheur de la France, mais je ne l'espère point ; elle laisse l'État sans chef, sans direction politique ; le temps perdu à me renverser aurait pu être employé à mettre la France en état d'écraser l'ennemi. Je recommande à la Chambre de renforcer promptement les armées ; qui veut la paix doit se préparer à la guerre. Ne mettez pas cette grande nation à la merci des étrangers ; craignez d'être déçus de vos espérances : c'est là qu'est le danger ! Dans quelque position que je me trouve, je serai toujours bien si la France est heureuse ! Je recommande mon fils à la France ; j'espère qu'elle n'oubliera pas que je n'ai abdiqué que pour lui. Je l'ai fait aussi, ce grand sacrifice, pour le bien de la nation : ce n'est qu'avec ma dynastie qu'elle peut être libre, heureuse et indépendante ! »

NAPOLÉON II

Le sacrifice consommé, le dernier rempart contre l'invasion étant détruit, elle allait se précipiter triomphante sur notre territoire. On a accusé la Restauration de l'y avoir appelée ; c'est une calomnie ; les légitimistes avaient assurément le goût et le besoin du succès des puissances étrangères, mais ils n'avaient aucun pouvoir pour l'assurer : c'est une Chambre bonapartiste qui le décida.

On a vu que, dans la séance précédente, la Chambre, ou plutôt le petit groupe de parlementaires qui la dirigeait, avait hésité à se prononcer formellement pour ou contre Napoléon II ; à le reconnaître, on se liait ou on craignait de se lier les mains et de ne plus pouvoir proposer le duc d'Orléans ; à le méconnaître, on redoutait la rentrée subite en scène de l'em-

pereur, déchirant un contrat qu'on n'exécutait
que contre lui.

Dans la séance du 23, il fallut s'expliquer.
Napoléon pressait ses amis d'en finir et Fouché
craignait les éclats de son ancien maître. Quoi
que les hommes clairvoyants sussent bien que
les alliés, qui allaient décider de tout, ne voudraient pas supporter le fils, après avoir été
débarrassés du père, la question avait une importance réelle, non pas seulement comme on
l'a dit et avec raison, parce que l'armée se ral-
lierait facilement sous l'étendard des Napoléons,
mais parce que, de la sorte, on empêcherait de
se produire à la chambre la proposition formelle
d'un autre prince, et qu'on donnait ainsi une
apparente et bien courte satisfaction à la majorité de cette Assemblée qui était bonapartiste.

Il ne faudrait pas croire d'ailleurs que le
champ de bataille parlementaire fût moins agité
ce jour-là que les précédents. Ce fut Defermou
qui suivit le feu.

On discutait sur le serment nouveau à faire
prêter aux membres du gouvernement provisoire :

« Qui de nous, dit-il, a caractère pour recevoir ce serment? A qui la commission exécutive
le prêtera-t-elle, si on ne détermine pas au-

nom de qui nous voulons faire marcher notre système constitutionnel? Que feront également dans cet état de choses nos autorités administratives et judiciaires; je vous le demande messieurs : avons-nous ou n'avons-nous pas un empereur?

— Oui! oui! s'écrient cent voix à la fois. — *Vive Napoléon II!* « Napoléon Ier a régné en vertu de nos lois fondamentales, Napoléon II est donc notre souverain! Lorsqu'on verra que nous nous prononçons pour le chef que nos constitutions nous ont désigné, on ne pourra pas dire à la garde nationale que vous vous taisez, parce que vous attendez Louis XVIII; nous rassurerons l'armée, et il n'y aura plus de doutes sur le maintien constitutionnel de la dynastie de Napoléon. »

A ces derniers mots, l'enthousiasme éclate sur tous les bancs de l'Assemblée; on se lève, on agite ses chapeaux, et un cri dix fois répété de *Vive l'empereur!* vient frapper d'épouvante, le petit groupe de la paix quand même. M. Béranger monte à la tribune; il n'est pas hostile à la nomination de Napoléon II, mais, il pense que des questions de cette importance ne doivent pas être résolues avec cette rapidité et que la maturité, la sagesse dans

la délibération ne nuiront en rien au vote que
l'on va recueillir ; puis il entre dans de longs
développements, qui n'ont pour but que de
donner à cet accès d'enthousiasme le temps de
se refroidir, et il conclut en demandant qu'on
attende à demain avant de prendre une décision.

M. Bérenger avait bien jugé de la légèreté de
cette assemblée, qui semblait maintenant aussi
froide pour les Napoléons qu'elle s'était montré
enthousiaste une heure avant, et de même
qu'après le discours de Défermou, elle procla-
mait Napoléon II, de même, après celui de
Bérenger elle eût été capable de voter contre
lui. Boulay de la Meurthe qui mesure rapidement le terrain perdu, ne s'épargne pas pour le
regagner. « Vous ne pouvez même pas, leur
dit-il, délibérer sur la question, la loi l'a décidée ; l'abdication de l'empereur est indivi-
sible ; on ne peut pas ne l'admettre que pour
une partie ; mais j'irai plus loin, car je n'ai pas
de porte de derrière, pas d'arrière-pensée. Je
me plais à rendre hommage à chacun de mes
collègues, mais enfin j'ai les yeux ouverts sur
le dehors ; — personne ne se méprit probablement sur cette manière de désigner le dedans
— et je vois que nous sommes entourés de

beaucoup d'intrigants, de factieux qui voudraien
faire déclarer le trône vacant pour y placer le
Bourbons ! » Il continue de la sorte en déchi
rant les voiles, mais les démasqués murmu
rent, et il est obligé de descendre de la tribun
avec un demi-succès.

Le général Mouton-Duvernet affirme qu
l'armée marchera pour Napoléon II et n
répond de rien si on ne le proclame pas. L'as
semblée qui n'a rien décidé semble fatiguée e
mal à l'aise ; déjà on réclame l'ordre du jour
Regnault (de Saint-Jean d'Angely) plaide l
thèse de Défermou et de Boulay, mais chaqu
fois qu'il demande au nom de qui les acte
publiés seront reçus, les plénipotentiaires seron
envoyés, on lui répond : au nom de la nation
Cette réponse qui n'en est pas une, puisqu'ell
ne décide pas la question de savoir s'il es
utile ou inutile au bien du pays d'avoir ou d
n'avoir pas pour chef un Napoléon, semble satis
faire cette assemblée un peu puérile et qui n
se reconnut plus au milieu de ces débats. Cepen
dant après le discours de Regnault, elle allai
en finir, et proclamer Napoléon II, quand
M. Dupin demande la parole et l'obtient.

« Pourquoi, dit-il, l'empereur a-t-il abdiqué
C'est que, malgré le vœu du peuple et de l'ar

mée, malgré ses talents militaires, il a reconnu
qu'après l'événement qui vient d'arriver il ne
pouvait plus espérer d'être utile à son pays.
S'il avait cru pouvoir l'être encore, aurait-il
abandonné l'honneur de le sauver? Non, messieurs, et nous serions insensés d'abandonner
ce que nous pourrions encore espérer d'un
héros, pour l'attendre d'un enfant. Dans de
telles circonstances, il faut, pour délibérer utilement, autre chose que des acclamations et de
l'enthousiasme. On nous a recommandé l'union,
elle est plus que jamais nécessaire au salut
public, il faut unanimité dans les volontés,
ensemble dans les moyens et c'est pour cela que
je vous dis : gardons-nous d'interpréter *le vœu
de la nation et de lui dicter un choix.* »

A distance et de sang froid, on se demande
comment on pouvait dire dans cette chambre
que l'empereur avait *abandonné l'honneur de
sauver le pays,* parce qu'il croyait impossible de
le faire, quand il venait d'abdiquer contraint
et forcé par l'assemblée qui lui mettait sur la
gorge le couteau de la déchéance; mais il faut
reconnaître d'ailleurs que le raisonnement de
M. Dupin était des plus logiques.

Là où le père ne pouvait plus rien, l'enfant
pourrait encore moins ; et les Prussiens, comme

les parlementaires, ayant eu l'heureuse fortune d'être débarrassés de l'empereur n'étaient pas d'humeur à se contenter du roi de Rome... « On demande, dit-il, en terminant, ce que nous aurons à opposer à l'ennemi? Je répondrai : la nation ! C'est au nom de la nation qu'on se battra, qu'on négociera; c'est de la nation que l'on doit attendre le choix d'un souverain; c'est la nation qui précède tout gouvernement et qui lui survit. »

La Chambre avait évidemment perdu tout sentiment de l'importance de la question traitée devant elle, au milieu des propositions nombreuses et contradictoires qui suivirent le discours de M. Dupin, lorsque Manuel parut à la tribune. Selon lui, toutes les propositions qui ont été soumises à l'Assemblée sont inconstitutionnelles : « Nous ne sommes pas en révolution ; aucun événement hors la marche naturelle des choses n'a eu lieu, et, sans entrer dans l'examen des motifs et des circonstances qui ont amené l'abdication, cette abdication existe et les constitutions ont parlé... » Il dépeint tous les partis politiques glissant légèrement sur celui des d'Orléans et, sans vouloir discuter l'importance de chacun d'eux, il constate leur divergence d'opinion : « Tout le monde, ajoute-t-il, veu t se sau-

ver et sauver l'État par des moyens contraires,
par des routes diverses menant à un but opposé.
Dans un pareil moment pouvez-vous avoir un
gouvernement provisoire? un trône vacant?
Laisserez-vous chacun s'agiter, les alarmes se
répandre, les prétentions s'élever? Voulez-vous
qu'on arbore ici le drapeau des lis, là le drapeau tricolore? voulez-vous laisser dire à
chaque parti : il n'y a pas de gouvernement,
on hésite, il faut agir ; l'assemblée paraît incertaine, il faut l'engager dans notre voie et donner un coup de collier... Voilà, messieurs, les
calamités dont nous sommes menacés si nous
laissons l'opinion publique flottante, sans un
point fixe pour se rallier... Par cela seul qu'on
l'a mis en question, Napoléon II doit être
reconnu. » Cette fois, et à la suite de ce discours
qui fixa l'attention publique sur ce jeune orateur, la Chambre proclama *Napoléon II devenu
empereur des Français par suite de l'abdication
de Napoléon I*[er] *et par la force des Constitutions de l'empire*. Aussitôt des applaudissements partent de tous les bancs de l'Assemblée,
et les tribunes s'associent au sentiment commun
en criant : « Vive l'empereur! »

Il eût été bien plus sage de lui laisser son
épée!

LE GOUVERNEMENT PROVISOIRE

A partir de ce jour il est impossible de se rendre compte du travail de la Chambre si l'on ne suit, pas à pas, les faits et gestes du gouvernement provisoire qu'elle venait de nommer et dont elle était responsable, bien que le plus souvent elle se bornât à enregistrer silencieusement les actes de ce gouvernement que les circonstances aussi bien que sa volonté, avaient fait absolu.

Plus les événements deviennent graves, plus on constate en effet la tendance des esprits à concentrer l'action, qui doit être aussi prompte qu'énergique en un petit nombre de mains : cette nécessité politique s'imposa à la Chambre et ensuite au gouvernement lui-même, de sorte que Fouché devint pendant quelques jours l'arbitre de la France.

Il serait donc intéressant de se rendre compte des vues de ce personnage s'il n'était pas déjà si connu, et si ses intrigues avec tous les partis n'avaient pas été maintes fois démasquées. Pour ceux de nos lecteurs dont la mémoire aurait besoin d'un peu d'aide, il suffira **de** rappeler la conversation qu'il eut avec M. de Vitrolles, l'agent infatigable des légitimistes, et que rapporte l'historien le plus exact de ces temps troublés [1].

Après les premiers compliments d'usage, Fouché lui dit : « Eh bien, que comptez-vous faire? — Je vais me rendre à Gand, ma chaise de poste est à la porte. — C'est ce que vous pouvez faire de mieux, vous ne seriez pas en sûreté ici. — N'avez-vous rien à me donner pour le roi. — Oh! mon Dieu, non, rien; dites seulement à Sa Majesté qu'elle peut compter sur mon dévouement et qu'il ne dépendra pas de moi qu'elle ne revienne promptement aux Tuileries. — Mais il dépend de vous, ce me semble, que ce soit bientôt. — Moins que vous ne pensez, les embarras sont grands. Cependant la Chambre vient de simplifier la situation: vous savez, ajouta-t-il en souriant, qu'elle a proclamé Napoléon II. — Comment, Napoléon II? — Sans doute, il fallait d'abord passer par là. — Cela, je présume, n'a rien de sérieux? — Vous ne dites pas assez : plus je réfléchis et plus je suis persuadé que cela n'a pas le sens commun. Mais

1. *Histoire des deux Restaurations*, par M. de Vaulabelle, t. III, 113.

vous ne sauriez croire combien il existe de gens qui tiennent à ce nom-là. Plusieurs de mes collègues, Carnot surtout, sont convaincus qu'avec Napoléon II tout est sauvé. — Et combien durera cette plaisanterie? — Probablement le temps nécessaire pour nous débarrasser de Napoléon Ier. — Que ferez-vous ensuite? — Je ne sais trop; dans des moments comme ceux-ci il est difficile de prévoir le lendemain. — Mais si M. Carnot, votre collègue, tient si fort à Napoléon II, il vous sera peut-être moins facile que vous ne le supposez d'échapper à cette combinaison. — Bast! vous ne connaissez pas Carnot, il suffira, pour le faire changer d'opinion, de proclamer *le peuple français;* le peuple français, songez donc! »

Tous deux se mirent à rire. « Voilà qui est bien, reprit M. de Vitrolles, mais j'espère qu'après Napoléon II et le peuple français vous songerez enfin aux Bourbons? — Sans doute, répondit Fouché, ce sera alors le tour du duc d'Orléans. — Comment, le duc d'Orléans, s'écria M. de Vitrolles au comble de la surprise; mais croyez-vous donc que le roi consente jamais à accepter une couronne ainsi promenée, ainsi descendue? » Fouché l'interrompit pour lui dire que le parti du premier prince du sang était

plus considérable qu'il ne paraissait le penser, 23 juin.
et que ses chances étaient trop sérieuses pour
qu'on pût compter sans lui.

M. de Vaulabelle ajoute que M. de Vitrolles
se retira fort préoccupé de cet entretien ; c'est
un sentiment qu'il est difficile de partager, et
l'agent royaliste était trop avisé pour se méprendre aux vues secrètes de son interlocuteur ;
il le savait d'esprit trop délié pour ne pas comprendre qu'entre Napoléon et les Bourbons il
n'y avait de place pour personne, les Bourbons,
par les alliés, étant les maîtres de la situation ;
il mit sans doute sur le compte des ménagements que Fouché avait à garder avec les partis qu'il encourageait et trompait tour à tour
les singulières confidences qu'il en avait reçues,
et, s'il pensa de la sorte, il est fort probable
qu'il pensa juste.

Après avoir refait connaissance avec l'homme
de confiance d'une Assemblée envoyée par les
électeurs du pays, pour défendre la cause de
Napoléon et combattre celle des Bourbons, re-
tournons à cette pauvre Chambre qui reçoit
une lettre de MM. de Lafayette, Sébastiani,
d'Argenson et Laforest, annonçant qu'ils ont
été investis par le gouvernement provisoire de
la mission de faire connaître aux puissances

5.

alliées, les *intentions pacifiques* du pays et son vœu d'*inaltérable indépendance*.

On verra bientôt ce qu'il advint de cette ambassade ridicule, qui allait plaider pour l'indépendance de la nation, en affirmant qu'elle ne ferait rien pour l'obtenir; on n'était pas encore revenu de cette grossière illusion, qui avait fait exiger l'abdication de l'empereur comme moyen certain de faire tomber les armes des mains des envahisseurs.

Ce malheureux règlement, qui devait occuper la Chambre jusqu'au moment où elle allait disparaître sous la main des Prussiens, occupe encore une place honorable dans cette séance et n'est interrompue que par de nombreuses communications du gouvernement. La première est relative aux efforts heureux faits en Vendée pour obtenir une pacification générale du pays. Une suspension d'armes, prélude de la paix, vient d'être signée par La Rochejacquelein; cette communication, naturellement bien accueillie, est accompagnée d'un rapport du général Lamarque, sur les opérations de la guerre dans cette contrée.

Un second rapport relatif aux réquisitions militaires pour lesquelles on demande une autorisation, soulève naturellement plus de dif-

ficultés, et un projet de loi sur la *sûreté géné-* 25 juin.
rale, c'est-à-dire sur la faculté que demande
le gouvernement de suspendre les garanties
accoutumées de la liberté individuelle, en soulève encore plus ; MM. Dupin et Flangergues
se recrient et pensent sans doute qu'il est bien
dur d'accorder à M. Fouché ce qu'ils auraient
infailliblement refusé à Napoléon, et tout se
termine par ce moyen qu'adorent les Assemblées, — parce qu'il leur épargne les angoisses
d'une décision à prendre, — par le renvoi à
des commissions.

Cette séance n'est guère, quant au fond, que
la suite de la précédente, elle est presqu'entièrement consacrée à la discussion de la loi de
sûreté générale, loi où l'on entendit un grand
nombre d'orateurs et qui se termina par l'adoption du projet du gouvernement légèrement
modifié en quelques points. La séance avait
débuté par une demande de rectification au
procès-verbal ; l'Assemblée trouvait que l'*ac-*
clamation unanime avec laquelle avait été
accueillie la proclamation de Napoléon II n'était
pas indiquée d'une manière assez précise et
voulait rendre hommage à la vérité en con-
statant cette unanimité. On s'empressa de lui
donner satisfaction et la postérité eut ainsi un

document de plus pour affirmer que cette Assemblée était absolument hostile aux Bourbons,
et qu'elle prenait ou laissait prendre toutes les
mesures propres à les ramener.

Dans le moment même où l'on discutait à la
Chambre sur les mérites comparés de l'*habeas
corpus* des Anglais et de la loi de sureté générale de Fouché, l'empereur, invité par le gouvernement provisoire à quitter le Palais de
l'Élysée, se rendait à la Malmaison.

Les deux sentimnts contradictoires qui animaient à cette époque la population parisienne :
dans les hautes classes, le goût passionné de la
paix après de longues guerres ; dans les couches populaires, la haine de l'étranger et la soif
de la revanche de Waterloo, ces deux sentiments contraires, on pourrait dire ces deux
passions, venaient, en se heurtant, de décider
cette espèce d'exil du héros vaincu.

Le bruit s'était répandu dans la foule que
le gouvernement voulait livrer l'empereur à
l'ennemi ; c'était faux alors, mais cette nouvelle avait fait descendre dans Paris une masse
énorme de gens du peuple, que les récits du
temps évaluent à trente mille hommes, et qui
obstruaient complètement la circulation dans
le faubourg Saint-Honoré. Fouché doublement

inquiet, car cette foule, incurablement fidèle, 26 juin.
pouvait porter Napoléon jusqu'aux Tuileries,
car ce séjour de l'empereur dans un palais
impérial pouvait faire douter à l'étranger de la
sincérité de l'abdication ; Fouché fit demander à
l'empereur de s'éloigner. Le difficile était de
sortir sans être vu, car l'enthousiasme pouvait
aller loin. On se prémunit contre ce *danger*. La
voiture à six chevaux qui attendait ostensible-
ment l'empereur dans la cour du palais, resta
vide, tandis que celui qui devait l'occuper sortait furtivement par une porte de service. Le
héros détrôné ne pouvait paraître aussi bien à
Paris que sur le coin le plus obscur du pays,
sans faire trembler et ceux qui l'avaient vaincu
et ceux qui l'avaient détrôné : les alliés et les
parlementaires français.

L'assemblée eut à discuter et à voter le 26,
le projet de loi sur les réquisitions militaires :
elle le fit avec un luxe d'arguments, d'amendements et d'orateurs qui paraît bien hors
de place lorsqu'on songe que les armées étrangères s'avançaient à marches forcées sur la
capitale. Fouché, qui avait si fort pressé les
jeunes orateurs à sa dévotion de faire proclamer Napoléon II, dans le but de rendre confiance à l'armée, venait de signer un décret

par lequel « les arrêts et jugements des cours et tribunaux et les actes des notaires devaient être rendus *au nom du peuple français*. » Il tenait ainsi parole à M. de Vitrolles et ne souleva pas un murmure dans cette Chambre qui avait voulu consigner dans son procès-verbal de l'avant-veille les acclamations qui accueillirent la proclamation de Napoléon II. Pour être tout à fait exact, il faudrait mentionner dans la séance du lendemain une protestation isolée de M. Félix Desportes contre cet arrêté et ajouter que ce cri unique fut aussitôt étouffé.

NAPOLÉON LIVRÉ AUX ANGLAIS PAR L'IMPRÉVOYANCE DE LA CHAMBRE

Dans le cours de cette longue et minutieuse discussion sur les réquisitions militaires, un membre dont le journal officiel ne dit pas le nom, impatienté sans doute de voir le temps s'écouler sans solution, s'était écrié : « Quelle distance y a-t-il de Paris à Saint-Quentin ? » Les alliés venaient, en effet, d'arriver dans cette ville. A la nouvelle que Fouché avait fait parvenir au duc de Wellington de l'abdication de Napoléon, — fait que le général refusa d'abord de croire, le traitant d'absurde et ne voyant dans la communication qu'on lui faisait qu'une ruse de guerre ; — les deux armées anglaise et prussienne s'étaient ébranlées et avait dépassé notre première ligne de places fortes. Wellington hésitait à s'avancer davantage, mais Blücher, plus hardi, lui déclara qu'il marcherait immédiatement sur Paris, que l'abdication avait dû jeter le gouvernement, les Chambres, la population et l'armée dans un complet désordre et qu'il fallait aller droit au cœur de la France et lui donner les derniers coups. Il avait deviné juste.

Il n'y a que nos libéraux, en effet, pour ne pas se douter des avantages-militaires qu'ils assurent aux ennemis de la France quand ils se donnent le luxe d'une révolution.

Le lendemain, pendant que Blücher se trouvait déjà sur les bords de l'Oise, une solennelle discussion s'ouvre à la Chambre sur les mérites de la Constitution de 1791. M. Gamon prononce un discours fort bien fait d'ailleurs, quoique un peu emphatique, selon les habitudes de l'époque, et il s'efforce de prouver que cette Constitution est le véritable point milieu entre le despotisme impérial et l'anarchie républicaine. L'orateur était fort excusable assurément de ne pas faire mention des vices que l'expérience de ce régime, qui n'est autre que celui du Parlement souverain, nous a révélés : il n'avait pas pu constater que cette mécanique constitutionnelle, qui semblait alors un modèle de sagesse, n'a jamais été chez nous qu'un engin révolutionnaire d'une rare précision.

MM. H. Lacoste et Penières ne veulent pas souscrire aux désirs de M. Gamon, il leur semble que voter immédiatement sur la Constitution de 1791 serait fort grave, et qu'un sujet de cette importance doit être médité. M. Crochon trouve d'ailleurs que cette Constitution modèle a deux défauts capitaux : elle n'organise qu'une seule Chambre et laisse le pouvoir exécutif trop faible. M. Scipion Mourgues signale avec admiration le *silence majestueux* avec lequel on a écouté les développements de la proposition de M. Gamon et en augure bien pour la dignité de l'Assemblée et les services qu'elle rendra.

Au milieu de ces joutes académiques le gouvernement envoie un rapport où il signale *l'état peu satisfaisant* de notre situation militaire, rapport qu'il termine par cette phrase présageant les plus graves dangers : « Quel que soit l'événement, nous ne vous proposerons rien de pusillanime et de contraire à vos devoirs,

nous défendrons jusqu'à la dernière extrémité 28 juin
l'indépendance de la nation, l'inviolabilité des
Chambres, la liberté et la sûreté des citoyens.
Signé : DUC D'OTRANTE. »

Quand on songe que dans ce moment-là
même, l'homme de confiance de la Chambre
préparait la rentrée des Bourbons, la capitulation sans condition, et vouait ainsi à une mort
tragique d'illustres citoyens, on ne peut s'empêcher de remarquer une fois de plus combien
cette assemblée bonapartiste avait été mal
inspirée en remettant son sort entre de pareilles
mains.

Cependant les braves généraux qui n'étaient
pas dans le secret des dieux s'évertuent à
prouver que l'armée n'est pas dans la position
fâcheuse qu'on imagine ; le général Raymond
indique que les positions qu'occupent en ce
moment nos troupes sont bien préférables à
celles qu'ont choisies les Prussiens.—Le général
Mouton-Duvernet a été chargé par le gouvernement de se rendre à l'armée du nord et il
vient rendre compte de sa mission. Ayant trouvé
sur les routes nombre de soldats et d'officiers
de la garde impériale, marchant sans ordres
réguliers, il les aborda et leur dit : « Mes enfants
que faites-vous ? n'êtes-vous plus animés des

sentiments de l'honneur? voulez-vous donc abandonner vos régiments? ils nous ont répondu : « Nous sommes trahis! On nous « annonce qu'il n'y a plus d'empereur; si « l'empereur n'est plus sur le trône, il n'y a « plus besoin d'armée; pour qui voulez-vous « que nous nous battions? Pour les Bourbons! « pour recevoir au lieu de récompenses de nos « services, de nouvelles punitions pour les ser- « vices du moment. »

Le général s'épuisait en raisonnements sur la patrie qui reste, sur la France qu'il faut chérir plus qu'un homme; ces braves gens ne savaient que répondre, et ne répondaient pas. Mais il n'était que trop facile de comprendre que la patrie et la France étaient pour eux glorieusement et légitimement représentées par l'empereur, et qu'ils se souciaient peu de se battre pour une France et une patrie représentées bientôt par des gens qui ne pouvaient avoir pour eux que des sentiments hostiles. Toutefois le général ne doute pas que le premier moment d'abattement passé, tous ces soldats aguerris, ne fassent leur devoir comme ils l'ont toujours fait, et il constate avec bonheur qu'il existe en ce moment entre Soissons et Villers-Cotterets, quarante-cinq mille hommes bien

armés, bien équipés et munis d'une nombreuse
artillerie.

Ces détails attristent et charment tour à
tour nos représentants, qui n'ayant plus l'empereur à offrir à l'armée, s'imaginent de lui
faire parvenir comme compensation une adresse
rédigée par eux.

M. Jay s'est chargé de ce soin patriotique ; il
s'en acquitte à merveille, et la *proclamation à
l'armée*, dans laquelle, se retrouvent des phrases
dues à un grand nombre d'honorables, réunit
tous les suffrages.

Les soldats auxquels elle était adressée
n'eurent pas à combattre, mais s'ils avaient dû
le faire ils n'auraient peut-être pas trouvé la
compensation suffisante ; la présence de l'empereur leur eût été sans doute plus utile que
cette page de littérature parlementaire.

Le laborieux et charmant enfantement de cette
pièce académique venait d'être achevée quand un
second message du gouvernement demanda que
la ville de Paris soit mise en état de siège.

Enfin le fameux projet de constitution voit le
jour ; on en lit le texte à la Chambre, et tous les
friands de tribune dévorent à l'avance ce régal
exceptionnel ; c'était d'ailleurs la seule occupa-
tion possible — quoiqu'elle fût ridicule en de

pareils moments, — de ces représentants qui avaient renversé leur souverain légitime, qui avaient pris sa place, et se trouvaient réduits, par la logique des choses, qui ne permet pas l'action à une assemblée de six à sept cents membres, à s'agiter dans le vide et à contempler, impuissants, la ruine de toutes leurs espérances politiques ; quand l'enthousiasme produit par la lecture de la future Constitution (plus infortunée que tant d'autres, elle ne fut pas même appliquée un seul jour) se fut apaisé, le président donna lecture d'un message du gouvernement dont voici le résumé : Napoléon, se trouve par son abdication placé sous la sauvegarde de l'honneur français ; sa situation à la Malmaison n'étant plus sûre à raison de l'approche des ennemis, des sauf-conduits ont été demandés à l'Angleterre pour permettre à l'empereur, ayant à sa disposition deux frégates françaises, de se rendre dans le lieu qu'il choisira pour son exil ; ces sauf-conduits n'arrivant pas, et l'ennemi, tout autant *qu'un mouvement de l'intérieur* étant à redouter, le gouvernement a pressé le départ de l'empereur qui a quitté la Malmaison ce jour à quatre heures du matin se rendant à Rochefort. La veille, la Malmaison courait, en effet, le risque d'être emportée par Blücher, 29 juin. qui avait juré de *pendre* l'empereur au premier arbre du chemin ; le duc de Wellington s'était beaucoup récrié contre ce métier de bourreau, et on lui sut gré dans le beau monde de n'avoir été que traître ; les peuples cependant pardonnent plus facilement la colère et le meurtre que le sang-froid et la trahison. Les rapports politiques de l'Angleterre et de la France ont été bien souvent troublés par le souvenir du Bellérophon.

L'avant-veille l'empereur avait pris une résolution qui pouvait avoir, si elle était secondée, les plus grandes et les plus heureuses conséquences : Blücher était arrivé devant Paris avec cinquante-six mille hommes. Wellington était en arrière à deux journées de marche — à Saint-Martin Longueau (dix-huit lieues de Paris), — les troupes dont disposait Davoust, et d'après sa propre déclaration, étaient de soixante-quinze mille hommes d'infanterie, vingt-cinq mille de cavalerie et cinq-cents pièces de canon attelées; on pouvait écraser Blücher. Conduite par un maréchal français cette armée eut été victorieuse; conduite par Napoléon, la victoire aurait pu avoir les plus grandes conséquences ; l'empereur, debout en uniforme et prêt à monter à cheval, fit appeler le général Becker qui était *le gardien* du palais, — il faut ajouter de suite qu'on n'aurait pu faire un choix meilleur et plus honorable pour cette délicate fonction — et lui dit : « Général, l'ennemi est aux portes de Paris : il faut être insensé ou traître à sa patrie pour révoquer en doute sa mauvaise foi. Les alliés disent qu'ils font la guerre, non à la France, mais à moi seul. J'ai abdiqué, je ne suis plus rien, et cependant ils attaquent Paris ; qu'on me laisse commander l'armée ; allez en faire la demande en mon nom. Expliquez aux membres du gouvernement que mon intention n'est pas de ressaisir le pouvoir ; dites leur que tout ce que je veux, c'est de battre l'ennemi, de l'écraser, de le forcer, par la victoire, à donner un cours favorable aux négociations, et que, ce point obtenu, je m'éloignerai, je poursuivrai tranquillement ma route. »

L'empereur était assurément sincère en tenant ce langage ; l'hypocrisie ne se présume pas dans des âmes de cette grandeur ; mais après la victoire que tout rendait probable, où aurait-il été se cacher pour se dérober à l'enthousiasme dont il était entouré quoique vaincu ! Or ce que Fouché ne voulait pas, or ce que les nouveaux politiques, qui n'avaient point encore de nom, et qui s'appelèrent depuis les parlementaires, ne voulaient pas même au prix de l'indépendance de la patrie, c'était Napoléon ; sans doute, il fallait être traître ou insensé pour ne point accepter une pareille offre : oublions les traîtres qui n'importent pas à notre démonstration, mais rappelons-nous toujours cette Chambre insensée. L'offre fut donc repoussée et l'empereur déguisé en *secrétaire* de M. le général comte Becker, — c'est dans ces termes qu'était rédigé le passe-port, — quitta la Malmaison ; le *secrétaire* garda généreusement son incognito jusqu'à Rochefort ; on sait le reste.

Sainte-Hélène devait être le terme de ce voyage.

Sans doute, Dieu l'avait ainsi voulu pour que cet homme jusque-là admiré, fût pleuré : les larmes d'un peuple cimentent l'affection qu'il porte à son chef, et cette affection est, dans nos sociétés modernes, le vrai, peut-être le seul moyen de gouvernement. Ce grand silence, après cet incomparable éclat, frappa et attendrit toutes les imaginations. L'empereur semblait avoir emporté avec lui l'âme de la France jusque dans les grandes solitudes de l'océan ;

30 juin.

les poètes ont tous chanté ce héros et nos paysans qui comprennent cette poésie l'écoutent encore le soir à la veillée.

LA RIDICULE AMBASSADE DE LA CHAMBRE

Pendant que leur grand empereur, renversé du trône par leurs votes, et livré aux Anglais par leur imprévoyance, s'acheminait vers sa dernière demeure, les représentants, qui commençaient à être inquiets des résultats de leur politique, essayaient de se rattacher à la personne de Napoléon II et d'être au moins conséquents dans leurs illusions. Ceux des membres de la Chambre qui avaient été envoyés à la Villette pour y vérifier l'état de l'armée et lui donner le courage de se battre pour la patrie abstraite, étaient revenus avec des impressions très favorables, quant à l'état matériel des troupes, mais avec la conviction unanime que leur drapeau était celui du fils de l'empereur et qu'ils n'entendaient pas verser une goutte de sang pour le retour des Bourbons; le général Laguette-Mornay finit son rapport en affirmant que les soldats sont assurément sensibles aux idées de liberté et de patrie, mais qu'ils ne séparent pas ces sentiments du souvenir de 1er juillet. celui qui fut notre empereur, et qu'ils conservent une fidélité complète à Napoléon II.

M. Garat assure, de son côté, que s'étant attaché à prononcer aux soldats les noms de patrie, de liberté, de constitution, d'indépendance, ils lui répondaient tous par Napoléon II.

Quant au général Mouton-Duvernet qui avait déjà recueilli les mêmes impressions et en avait fait part à la Chambre, il ajoute que la troupe a juré devant lui de mourir avant de recevoir un monarque ramené par des Anglais et des Prussiens.

L'Assemblée désabusée par ces renseignements unanimes se lève et s'écrie à son tour: Vive Napoléon II !

Vains cris que mépriseront les alliés, bientôt vainqueurs, sans même avoir combattu !

Ils étaient bien décidés cependant ces valeureux soldats, à culbuter les Prussiens imprudemment aventurés sous les murs de Paris et l'annonce heureuse en ce moment de la pacification de la Vendée obtenue par le général Lamarque, allait doubler leur ardeur. L'adresse suivante envoyée aux représentants par les principaux chefs de l'armée, ne saurait laisser de doute sur leurs sentiments:

« Représentants du peuple :

« Nous sommes en présence de nos enne
mis ; nous jurons, entre vos mains et à la
face du monde, de défendre jusqu'à notre dernier soupir la cause de notre indépendance et
l'honneur national ; on voudrait nous imposer
les Bourbons et ces princes sont rejetés par
l'immense majorité des Français ; si on pouvait
souscrire à leur entrée, rappelez-vous, représentants, qu'on aurait signé le testament de
l'armée qui pendant vingt années a été le palla-
dium de l'honneur français. Il est à la guerre,
surtout lorsqu'on l'a faite longuement, des
succès et des revers ; on nous a vus grands et
généreux dans nos revers : si on veut nous
humilier, nous saurons mourir.

« Les Bourbons n'offrent aucune garantie
à la nation, nous les avions accueillis avec les
sentiments de la plus généreuse confiance ; nous
avions oublié tous les maux qu'ils nous avaient
causés par un acharnement à vouloir nous
priver de nos droits les plus sacrés. Eh bien
comment ont-ils répondu à cette confiance ;
ils nous ont traités comme rebelles et vaincus.
Représentants, ces réflexions sont terribles
parce qu'elles sont vraies. L'inexorable histoire

racontera un jour ce qu'ont fait les Bourbons
pour se remettre sur le trône de France ; elle
dira aussi la conduite de l'armée, de cette
armée essentiellement nationale, et la postérité jugera qui mérite le mieux l'estime du
monde[1]. »

Cette adresse enflammée et rude pour les
Bourbons est accueillie par les applaudissements les plus vifs ; dans son admiration, la
Chambre en demande une seconde et solennelle
lecture et on vote l'impression immédiate
à vingt mille exemplaires ; tout le monde veut
la signer. M. Lepelletier la traite d'admirable,
M. Sauzet de sublime, et trois jours après, cette
malheureuse Chambre, dont le sort fut de ne
jamais faire ce qu'elle aurait souhaité, entendait
la lecture d'une pièce officielle, bien différente :
c'était la capitulation de Paris qui livrait sans

---

1. Au camp de la Villette, le 30 juin 1815, à trois heures
de l'après-midi, ont signé : le maréchal ministre de la guerre
prince d'Eckmühl ; le lieutenant général comte Pajot ; le lieutenant général baron Fressinet ; le lieutenant général comte
d'Ertou ; le lieutenant général comte Roguet ; le maréchal de
camp Harlet ; le général Petit ; le maréchal de camp Turon
Christiani ; le maréchal de camp Henrion ; le lieutenant général Brunet ; le major Guillemain ; le lieutenant général
baron Loriot ; le lieutenant général Ambert ; le maréchal de
camp Marius Clary ; le maréchal de camp Chartrain ; le maréchal de camp Cambriols ; le maréchal de camp Jeannot ;
le général en chef comte Vandamme.

conditions la France aux alliés et aux Bourbons.

La marche des armées étrangères qui ne trouvaient devant elles et pour leur barrer le chemin que les proclamations de la Chambre adressées au peuple et à l'armée, ne fut pas ralentie par ces singuliers moyens de défense, et les plénipotentiaires envoyés pompeusement au-devant des souverains pour conclure la paix, n'échappèrent au pas ridicule, qui ne manque jamais aux gens, quand ils exigent des conditions qu'ils n'ont aucun moyen d'imposer. Errant depuis quelques jours à la recherche des souverains, dont personne ne connaissait sans doute la résidence, M. de Lafayette et ses collègues donnent enfin de leurs nouvelles à la Chambre, fort inquiète sur le sort de ses ambassadeurs. Ils étaient à cette date au quartier général du duc de Wellington pour traiter d'un armistice précédant la paix ; ils ajoutaient modestement que les négociations continuaient, mais n'avaient pas encore pu aboutir. La vérité est que ni Blücher ni Wellington ne voulurent les entendre et se bornèrent à leur permettre de causer avec leurs aides de camp respectifs. Le résultat de cette conversation fut ce qu'il devait être : nul au point de vue diplomatique et révélant de la part des alliés, ce qui était tout naturel de leur part, la volonté de ne traiter qu'à Paris.

Malgré ce début peu encourageant, nos infortunés représentants cherchèrent à savoir où pouvaient se trouver les souverains, et, après bien des démarches, on leur dit négligemment qu'ils étaient sans doute à Manheim, à moins qu'ils ne fussent à Heidelberg. Munis de ce renseignement sans précision, ils sortirent de France et y rentrèrent aussitôt, apprenant que les souverains, enhardis par l'abdication de l'empereur, venaient de passer la frontière. Nos ambassadeurs les rencontrèrent enfin à Haguenau ; M. de Lafayette, qui avait eu quelques relations privées avec Alexandre, espérait que ce prince lui ferait un courtois accueil. Mais ce souverain ne permit pas que les plénipotentiaires parussent en sa présence, et envoya porter sa réponse par son aide de camp, le prince Serge Troubeskoï ; ce dernier fut tellement peu correct que son interlocuteur fut obligé de se retirer. Cependant, sur de nouvelles instances, des généraux (non des ministres) appartenant à chacune des quatre grandes puissances, furent mis en présence de nos ambassadeurs : le général Stewart engagea une conversation histo-

2 juillet.

6.

rique et philosophique avec M. Laforest, sur les mérites comparés de la révolution anglaise et la révolution française. Le diplomate français parut avoir l'avantage, et embarrassa plus d'une fois le général anglais; mais lorsque l'on consentit à s'occuper du sujet véritable de l'entretien, les rôles changèrent, et les souverains, qui étaient dans la coulisse et ne daignaient pas se montrer, firent donner à nos ambassadeurs par *note verbale* cette réponse dérisoire : « Les trois cours de Russie, de Prusse et d'Autriche ne peuvent traiter de paix ou d'armistice que d'un commun accord; elle ne pouvaient donc entrer présentement dans aucune négociation ; les cabinets se réuniront d'ailleurs aussitôt qu'il sera possible. » Ceci se passait le 14 juin ; les plénipotentiaires ayant demandé la faveur de rester au quartier général et de suivre les souverains alliés, n'obtinrent qu'un refus; de retour à Paris, le 4 juillet, ils firent insérer au *Moniteur* une note destinée sans doute à masquer leur rôle ridicule, mais dans laquelle il n'est pas un mot qui ne soit à côté de la vérité.

Les conférences, dit la note officielle, commencées à Haguenau, auraient été *ajournées* parce que le ministre d'Angleterre n'avait pas reçu ses pouvoirs; elles se reprendraient *à Paris*, où ces souverains et leurs ministres ne tarderont pas à arriver. Les souverains alliés, *fidèles à leurs déclarations*, annoncent les dispositions les plus libérales et l'intention la plus prononcée de *n'imposer à la France aucune forme de gouvernement et de la laisser parfaitement libre à cet égard*. Telle fut et telle devait être la conclusion dérisoire de cette ambassade ; partout raillée, partout mal reçue, ne réussissant à engager des conversations qu'avec des subalternes, parce qu'elle n'était plus moralement protégée par un gouvernement digne de ce nom, et voulant faire usage des forces très sérieuses dont il disposait encore.

LA CAPITULATION ET LA CONSTITUTION

La catastrophe était arrivée ; la *capitulation* de Paris, déguisée dans le *Moniteur* sous le nom de *convention*, avait été signée la veille à la Villette : l'article 1ᵉʳ suspendait les hostilités; l'article 2 exigeait la retraite de l'armée derrière la Loire ; l'article 8 indiquait la remise, entre les mains des alliés, des positions de Saint-Denis,

Saint-Ouen, Clichy et Neuilly, à la date du 5 juillet, et celle de Montmartre, le 6 juillet, le lendemain toutes les barrières de Paris devaient être livrées ; l'article 10 stipulait que les autorités actuelles seraient protégées par les alliés *tant qu'elles existeraient.*

Ce traité qui ne stipulait aucune garantie pour la France et son indépendance, qui livrait sans combat une ville de sept cent mille habitants, protégée par une armée de plus de cent mille hommes [1] de troupes excellentes et dévorées par le désir de la lutte ; cette *Convention* singulière, qui décidait du sort du pays sans que son nom y fût même prononcé une seule fois, qui contrastait d'une manière si absolue et si douloureuse avec les sentiments cent fois exprimés par la Chambre en faveur des Napoléons, et en haine des Bourbons, fut accueillie par elle sans le plus petit murmure. Certains historiens parmi lesquels il faut compter M. Thiers (histoire du Consultat et de l'Empire) estiment que la conduite de l'Assemblée en cette circonstance mérite bien quelque blâme, mais ils ajoutent que cette capitulation était inévitable, car, même après un succès

1. Voir aux notes le tableau officiel de nos forces militaires à Paris au 1er juillet 1815.

partiel, il aurait fallu compter avec les deux
cent mille hommes qu'amenaient les empereurs de Russie et d'Autriche : cette manière
de raisonner semble bien peu raisonnable ; car
à la guerre, il est toujours de règle de remporter une victoire, si on croit l'occasion favorable ;
cette victoire en effet, compte à l'actif du pays
qui l'a remportée, et les négociations pour la
paix s'en trouvent améliorées d'autant ; mais
c'est d'ailleurs trop accorder que d'admettre que
Wellington et Blücher en déroute n'auraient pas
singulièrement ralenti et embarrassé la marche
de l'armée austro-russe. Qu'on se rappelle les
discussions passionnées du Parlement anglais,
le peu de voix qu'il fallait pour mettre en minorité le cabinet qui soutenait la guerre, et l'on
sera convaincu, que la chute de ce cabinet pouvait être causée par un insuccès retentissant de
Wellington. Alors de bien autres perspectives
s'ouvraient pour la France, dont ce dernier et
heureux combat aurait doublé la force et
l'élan.

Au surplus, la capitulation au point de vue de
la Chambre était sans doute un incident fâcheux
et surtout importun au point de vue du trouble
qu'il jetait dans la discussion du projet de Constitution, mais c'était un événement prévu,

puisqu'elle ne voulait pas se battre, ou plutôt laisser se battre notre armée.

M. Garat estime que c'est tout ce qu'on pouvait obtenir de mieux dans ces cirsconstances, et que la *capitulation* est honorable ; il pense, d'ailleurs, que le moment est admirable pour faire comme l'Angleterre, notre *bill des droits,* et donne lecture *d'une déclaration des droits des Français et des principes fondamentaux de notre Constitution.* M. Manuel, qui est le rapporteur du projet de Constitution péniblement élaboré par la commission nommée *ad hoc,* n'est *pas content* qu'on ait l'air d'oublier son travail, et le fait sentir à la Chambre. MM. Barrère, Grandpré, Girod, Dupin, Lepelletier, Durbach, partagent leur admiration entre le travail de M. Garat et celui de M. Manuel. Cependant quelques fâcheux, les généraux Solignac et Burck rappellent qu'on est en présence d'un événement dont les conséquences pour la patrie peuvent être redoutables et qu'il y aurait peut-être quelque convenance à paraître s'en occuper. On adresse donc des *remerciements aux braves de toutes armes qui ont si vaillamment défendu les approches de la capitale,* sans se demander si les braves en question qui brûlaient du désir de défendre ces approches et que la Chambre et son gouver-

nement ont empêché de combattre, ne trou-
veront pas ces remerciements ironiques et
cette plaisanterie bien amère ; on décide aussi
(art. 5), *que la cocarde, le drapeau et le pavillon
aux trois couleurs seraient mis dans la sauvegarde
spéciale des armées, des gardes nationales et de
tous les citoyens.*

Il était écrit que cette malheureuse Assemblée
aurait jusqu'à sa fin dernière le don des contre-
temps. C'est à la veille de l'entrée inévitable de
Louis XVIII dans Paris, puisque l'armée avait
été éloignée pour lui livrer passage ; c'est à la
veille du jour où le drapeau blanc allait être
déployé sur les Tuileries, qu'elle recommande
et prescrit le drapeau tricolore ; était-ce au
moins une bravade un peu puérile mais qu'on
serait tenté de lui pardonner ? Mon Dieu, non ;
elle croyait encore au drapeau tricolore, comme
elle avait cru à Napoléon Ier, comme elle avait
cru à Napoléon II, comme elle avait cru à l'impossibilité des Bourbons ; trahissant sans le
vouloir et sans le savoir les objets de ses plus
chères affections, travaillant avec un zèle
inconscient au succès des combinaisons politiques les plus opposées à ses vœux, elle
embrassait publiquement son cher drapeau, non
pas avec le regret qu'on éprouve en quittant un

ami, mais avec l'incroyable confiance de le voir toujours associé aux destinées de notre pays.

Toutefois il était évident pour un spectateur impartial que les *petits faits* antérieurs, tels que l'invasion du pays, la retraite de l'armée, la capitulation de Paris, troublaient et importunaient l'Assemblée, qui ne retrouvait l'entrain, le calme, l'ampleur de sa vie, qu'en délibérant sur sa chère Constitution, la plus tenace de ses illusions.

On reprend donc avec amour la déclaration des droits des Français présentée la veille par M. Garat ; une abondante discussion s'élève sur le point de savoir s'il convient d'adopter le mot *équilibre* des pouvoirs ou cet autre *division* des pouvoirs ; M. Garat n'entend pas raillerie sur ce point, il défend son œuvre pied à pied, et demande ironiquement s'il peut être question d'équilibre dans une Constitution qui suppose le *mouvement*. M. Manuel, toujours mal disposé pour une Constitution qui n'est pas sienne, trouve qu'on se noie dans les abstractions. M. Dupin veut séparer les combattants ; il s'élance à la tribune ; un membre de l'Assemblée s'écrie : « Assez de discussion, les Anglais arrivent ! — Ils seraient là, riposte l'intrépide orateur, que j'émettrais encore mon opinion sur la *division*

et sur l'*équilibre !* « Et il continue son discours.   6 juillet.
MM. Dumolard, Boulain-Grandpré, Barrère,
Boncenne, Jay, de la Croix (de la Drôme), Cambon, joutent d'éloquence et de savoir, à propos
des treize articles du projet qui est enfin adopté.
Le treizième mérite une mention particulière,
car il révèle un état mental de l'assemblée,
vraiment affligeant. « Le prince, dit cet article,
soit héréditaire, soit appelé par élections, ne
montera sur le trône de France qu'après avoir
prêté et signé le serment d'observer et de faire
observer la présente déclaration. »

Les Anglais, vainqueurs, étaient arrivés,
Louis XVIII vainqueur au même titre, c'est-à-
dire sans condition, faisait son entrée dans la
capitale, et cette Chambre moribonde qu'un
coup de pied des Prussiens allait mettre à la
porte, prétendait dicter ses conditions !

On n'aurait peut-être pas trouvé dans cette
réunion de six cents représentants un seul d'entre eux pour signer isolément une pareille sottise ; réunis, ils la votèrent avec enthousiasme ;
ainsi le veut la logique particulière de nos
assemblées souveraines, où la responsabilité, en
se divisant sur un grand nombre de têtes, n'est
plus qu'un vain mot.

Cependant, comme il est dans la nature des

choses de tenir à une sottise qui plaît beaucoup plus qu'à une opinion sensée mais peu agréable, M. Dupont de l'Eure, revenant sur la séance de la veille, propose, d'envoyer aux souverains alliés une députation choisie parmi les représentants et chargée de leur présenter les conclusions de ce célèbre article 13.

« Lorsque, dans votre mémorable séance d'hier, dit l'orateur, vous avez solennellement proclamé vos principes politiques, votre pensée n'a pas été seulement de donner à la nation un nouveau gage de fidélité ; vous avez voulu en même temps que les souverains alliés connussent bien vos sentiments. Ils ont plus d'une fois annoncé la volonté de respecter l'indépendance du peuple Français : ce serait leur faire injure que de craindre qu'ils veuillent lui imposer un gouvernement par la force des armes, et substituer quelques acclamations individuelles à l'expression libre de la volonté générale. »

A la vérité cette nouvelle tentative ridicule pour obtenir une faveur impossible à accorder avait été, dit-on, inspirée par Fouché, dans l'espérance secrète de se faire un titre et une arme auprès des Bourbons qu'il allait servir et avec lesquels il était déjà engagé ; ce n'était

pas une raison suffisante pour épouser la fortune de Fouché jusqu'au point d'y sacrifier sa
dignité propre.

Par scrupule d'impartialité, nous nous étendons toujours trop longtemps sur les courts
passages du *Moniteur* qui révèlent dans la discussion quelque souci de la chose publique,
mais pour présenter une peinture fidèle de ces
séances il faudrait consacrer des heures à raconter les mérites, les beautés transcendantes, la
haute raison de cette Constitution à la mode
de **M.** Manuel, qu'on discutait vaillamment,
après avoir adopté avec enthousiasme celle de
Garat. MM. Mourgues, Dumolard, Dupin, Flaugergues, Barrère, entament enfin le chapitre du
pouvoir exécutif.

On s'occupe de la garde du monarque — encore anonyme pour ces faiseurs de constitution
seulement — et on propose toutes sortes de
règlements relatifs à cette garde; elle sera composée de trois, de quatre et de six mille hommes;
il y a des orateurs pour chacun de ces chiffres,
il y en d'autres pour exiger tel ou tel costume,
enfin il s'en trouve un pour exprimer timidement l'avis qu'il faut peut-être laisser au
monarque lui-même le soin de pourvoir à l'organisation de sa garde. Cette dernière opi

nion ayant prévalu, on s'occupe avec un soin
jaloux de la liste civile du prince, et de l'em-
ploi qu'il en peut faire. On n'oublie pas de
déclarer (art. 19) que les princes et princesses de
la famille régnante (?) ne seront distingués que
par leurs prénoms et qu'ils ne' porteront aucun
titre féodal. Le droit de guerre du souverain
ramène à la tribune un nouveau flot d'orateurs,
et les citations historiques abondent, quand il
s'agit de savoir si on permettra au roi de se
faire élever de son vivant des monuments destinés à raconter sa gloire aux générations futures.

Cette délicieuse discussion est toutefois
interrompue encore une fois par un de ces
fâcheux (le général Bory de Saint-Vincent) qui
viennent troubler la paix sereine et la satisfaction intime de ces savants acharnés à leur
proie : « Messieurs, leur dit-il, il existe une
minorité factieuse qu'épouvantent les idées
libérales, qui soupire après le despotisme et
qui cherche à vous peindre vous-mêmes comme
des factieux à ces puissances étrangères qui
ont promis d'être grandes en respectant vos
opinions et vos droits ; cette minorité, en
essayant ses forces, vous donna un maître en
1814 ; en agitant des mouchoirs blancs, elle prépare aujourd'hui la répétition d'une scène bur-

lesque et funeste, car cette mascarade pourrait ensanglanter le dénouement d'une révolution dont nous désirons tous la fin. Des gardes du corps, des mousquetaires, des membres de l'ancienne maison du roi ont osé paraître avec leurs uniformes dans l'enceinte de la capitale. »

Tout le monde trouve cette conduite affreuse, et l'on envoie un message au gouvernement pour y mettre ordre. Ces braves gens étaient bien difficiles, en vérité, et lorsqu'on se trouvait dans le cas d'avoir à contempler des milliers et des milliers d'uniformes prussiens et anglais, on aurait pu montrer un peu plus de tolérance pour des habits à la française.

Cependant le rapporteur de la commission de constitution (M. Manuel), poursuit le cours de ses intéressantes déductions ; on discute avec acharnement sur les pouvoirs de la Chambre des pairs ; faut-il dire que le pouvoir législatif s'exerce *collectivement* par le monarque et les deux Chambres, ou ne vaut-il pas mieux rayer ce *collectivement* dans lequel des constituants avisés voient les plus grands périls ? Quand on arrive aux convocations périodiques du Corps législatif, un membre (M. Mourgues), qui ne craint pas sans doute de faire des allusions à la situation présente, propose que dans le cas

d'invasion étrangère on décide que les Chambres
ne peuvent être dissoutes, et que, si elles ne
sont pas en session, elles doivent être réunies
sur-le-champ. Cet avis prudent est fort goûté,
et l'on ne trouve personne pour demander ce
que l'on fera dans le cas où l'armée étrangère
ne trouverait pas à propos de laisser la Chambre
se réunir.

Mais l'initiative des lois doit-elle appartenir
à l'une des branches du pouvoir législatif ou à
toutes trois également? C'était un point délicat.
On l'aurait sans doute éclairci à la satisfaction
générale si l'on avait appris que le gouvernement
venait d'être chassé des Tuileries par les Prussiens. Le lendemain matin, par ordre du roi,
la Chambre elle-même fut fermée, et les quelques
représentants qui se présentèrent à la grille du
palais eurent la mortification d'entendre les
quolibets de la garde nationale qui s'opposait à
leur entrée :

Ainsi finit tristement cette triste Assemblée !

RÉSUMÉ

Le retour de l'île d'Elbe, les élections générales, les précautions prises contre l'enthou-

siasme du peuple de Paris et de la province pour le grand proscrit ne laissent pas de doute sur le vœu de la nation française : elle voulait conserver l'Empire et l'empereur.

La Chambre de 1814, composée dans son immense majorité de bonapartistes convaincus, laissa détruire l'un et exiler l'autre.

Comme toutes les Assemblées, elle fut jalouse de son pouvoir, et comme elle n'était pas menée par une aristocratie intelligente de ses devoirs politiques, mais par des politiciens de fraîche date, sans passé et sans lendemain, elle commit, ou laissa commettre en son nom, les actes les plus contraires au salut du pays et à ses propres convictions.

Au début, tout fut bien. On était encore sous l'influence du souffle électoral et des sentiments patriotiques qui éclataient de toutes parts ; l'Europe allait jouer contre nous sa dernière partie ; la haine de l'étranger et des Bourbons, très vives dans les masses populaires, s'imposait à la députation, que son séjour dans la capitale n'avait pas encore livrée inerte et sans défense à toutes les passions révolutionnaires. La belle harangue du Champ de Mai exprimait alors toutes les généreuses pensées du pays.

Cependant il y avait dans cette Chambre une dizaine de députés, représentant assez exactement le dixième de la population française qui ne voulaient plus de l'empire et qui cherchèrent, sournoisement d'abord et ouvertement ensuite, à le renverser ; ce n'étaient pas des amis des Bourbons, de la branche aînée, mais plutôt des partisans, fort discrets, et presque honteux du duc d'Orléans ; ils furent déçus dans leurs espérances, mais ils réussirent à implanter dans notre sol monarchique et démocratique un instrument révolutionnaire d'une rare puissance : le Parlement bourgeois, la souveraineté de la classe moyenne ; munis d'une arme aussi redoutable, ils se consolèrent facilement de la venue des Bourbons qu'ils avaient désormais tout pouvoir de renverser.

Leurs premiers coups contre ce tyran, ce despote, ce Corse, comme ils l'appelaient entre eux, qui était aussi le seul sauveur possible de la patrie en danger, furent portés dans l'ombre. On essaya de ne pas prêter serment de fidélité à l'empereur ; on réussit à faire nommer un président notoirement hostile au souverain, et l'on tenta de substituer sans bruit le régime parlementaire au régime constitutionnel, en s'efforçant de faire paraître les ministres à la

Chambre, ce qui donne à cette dernière le pouvoir incontestable de les faire disparaître et de rester ainsi maîtresse de la situation.

Le discours impérial, la discussion et le vote de l'adresse, remirent pour un moment toutes choses en leur place.

En présence de l'empereur et dans les manifestations destinées à un grand retentissement, l'hypocrisie était impossible, mais il devenait évident pour tous les esprits réfléchis que cette masse d'honnêtes gens, fort ignorants des choses de la politique et encore plus incapables d'apaiser les flots tumultueux et irrités qui battent les murs des grandes villes au jour des catastrophes, se laisserait envahir et emporter par le courant. Un homme peut grandir avec les circonstances, nos Parlements se rapetissent ; sans énergie contre l'impopularité, ils paraissent n'avoir que la passion de ne pas se compromettre : c'est une digue qui s'affaisse complaisamment pour permettre à la Révolution victorieuse de passer.

Waterloo fut, et la Révolution passa.

Après l'abdication il fallut éloigner le prince détrôné, et comme il devenait gênant à cause de l'incorrigible amour de son peuple pour lui, on

7.

se hâta de s'en débarrasser sans s'inquiéter de savoir si on le livrait à l'ennemi.

Maître incontestable du pouvoir, notre Parlement souverain s'empressa d'envoyer aux puissances alliées une ambassade ridicule qui avait pour mission d'exiger l'indépendance nationale, tout en affirmant que le pays ne ferait pas la guerre pour l'obtenir; puis il délégua toute sa puissance à Fouché, l'ennemi avoué de l'Empire, et eut enfin le loisir de se livrer sans trop d'ennuis à l'examen d'une constitution modèle à laquelle le prince inconnu qui devait gouverner la France jurerait obéissance.

Entre temps, il fallut laisser pénétrer dans l'enceinte sacrée les bruits importuns du dehors; il était certain qu'on avait voté en faveur de Napoléon II, mais les alliés n'en voulant pas, on se décida bravement à s'en passer. Les soldats n'étaient pas contents; ils avaient envoyé aux faiseurs de constitutions une adresse brûlante de patriotisme, et remplie de haine pour les Bourbons et pour les alliés. On la trouva superbe, et on riposta par un morceau littéraire de la plus belle venue. Il arriva aussi que Paris se rendit, sans coup férir, malgré la présence d'une armée capable de culbuter l'ennemi, et, que par suite, l'indépen-

dance de la France fut à la merci de l'étranger.
Mais on tomba d'accord aussitôt, que cette capitulation n'était qu'une convention militaire, et
la sérénité revint dans l'âme de ces législateurs
acharnés. Enfin le grand œuvre est achevé,
l'exaltation est à son comble ; on se félicite, on
s'embrasse : les générations futures jouiront en
paix de cette incomparable Constitution, qui ne
devait pas être appliquée une heure, lorsqu'un
coup de pied prussien défonça la porte du sanctuaire et mit fin à cette allégresse.

On a dit que cette malheureuse Chambre
n'avait fait qu'hériter des fautes de l'Empire et
qu'il lui était impossible de ne pas commettre
les sottises historiques qu'elle a commises.
C'est une erreur qu'il est à peine besoin de
combattre : à supposer, en effet, qu'on ait des
griefs contre son prédécesseur, il n'y a jamais
nécessité de détrôner son souverain et de faire
une révolution devant l'ennemi, non plus que
de livrer la France sans combattre quand on a
sous la main une armée fidèle et qui brûle de
le faire. Sans doute, on ne sait pas ce qui serait
advenu si l'empereur était resté sur son trône ;
tout jugement à ce sujet est hypothétique. Ce
qui est certain, par contre, c'est que le Parlement, qui s'était adjugé tous les pouvoirs, est

seul responsable de la révolution qu'il fit et de l'invasion qui en fut la suite nécessaire : le peuple n'y fut pour rien, car il détestait l'une et l'autre.

On raconte que Carnot, prenant les ordres de Fouché, qui venait de dresser une liste de proscription pour complaire à ses nouveaux maîtres, lui dit : « *Où veux-tu que j'aille, traître!* » et que son interlocuteur lui répondit : « *Où tu voudras, imbécile!* » Ces deux révolutionnaires semblent avoir ainsi résumé par avance l'histoire de l'Assemblée souveraine de 1815.

II

LE PARLEMENT DE 1830

Le 18 juin 1828, au soir, Paris fêtait à sa manière le succès des députés de l'opposition ; aux cris de joie et aux pétards libéraux succédait la violence contre les personnes et les choses : on cassait les réverbères, on dressait les barricades ; la troupe sortait enfin de ses casernes et à coups de fusil, à coups de sabre rétablissait l'ordre.

Naturellement, l'opposition prouva avec ses arguments accoutumés que la police avait fait le coup, que le ministère seul avait intérêt à ensanglanter les rues de la capitale, pour peser sur les électeurs des grands collèges dont les candidats n'étaient pas encore nommés ; et, naturellement aussi, les bons bourgeois n'eurent garde de révoquer en doute les assertions du *Constitutionnel*, leur journal de prédilection.

Ils étaient en effet revenus dans l'espace de quelques années à leur état naturel d'opposants.

La lutte s'était rapidement établie entre cette haute bourgeoisie, qui avait acclamé les Bourbons en 1815 et les Bourbons eux-mêmes. En haine du régime impérial, qu'elle traitait de despotique, elle avait accueilli, les bras ouverts, cette légitimité qu'elle trouvait maintenant tyrannique, mais sans la compensation de la gloire. Ce ressentiment si voisin de l'enthousiasme passé, paraîtra ridicule, et il l'est en effet, bien qu'il soit facile de l'expliquer. La classe moyenne, toujours incapable de vues et de prévoyance politiques avait cédé à son premier mouvement en renversant l'établissement impérial, qui, disait-elle, la laissait trop à l'écart et se refusait obstinément à lui confier le gouvernement du pays. Toutefois, sans être tout dans la nation, elle avait la part légitime d'influence que confèrent l'instruction et la richesse, dans un gouvernement démocratique : à la cour de Louis XVIII, au contraire, comme à celle de Charles X, elle était mal à l'aise ; les regards, les prévenances, le courant de la faveur étaient pour la noblesse, qu'elle détestait bien plus encore qu'avant la Révolution ; sans doute la Restauration avait commis des fautes, — quel gouvernement n'en commet pas ? — Mais au lieu de les pallier dans l'opinion publique, on les exagérait, on s'en faisait une arme continuelle ; on se comportait enfin comme un parti, qui au lieu d'avoir ramené les Bourbons, les aurait subis.

Pour ces politiques un peu puérils, il ne saurait jamais être question de faire quelques sacrifices à leur propre cause. Si le gouvernement de leur choix les a blessés, ils ripostent sans mesure et sans fin, enveniment tous les désaccords et arrivent bien vite à le traiter en ennemi ; on s'aperçoit d'ailleurs, à la désinvolture de leur opposition, que le remords ne saurait pénétrer ces âmes candides et libérales ; ils obéissent à leur nature : conservateurs éternellement indisciplinés, ils critiquent le pouvoir, mais ne savent jamais le soutenir.

Le peuple avait d'autres instincts. Pris dans sa masse, il avait vu avec un profond regret disparaître le grand homme qui personnifiait pour lui la Révolution, et les avantages politiques et sociaux qu'il en avait retirés ; il regardait avec défiance ce gouvernement venu à la suite de l'étranger et que, dans son ignorance et son besoin de simplification, il rendait responsable d'une révolution et d'une invasion imputables seulement à la Chambre des Cent jours ; il faut ajouter que ce peuple n'était mu par aucune jalousie : car il admet parfaitement les différences de niveau social : à ses yeux, le noble, le riche, le citadin sont sur la même ligne, et, en raison de l'humilité de sa condition, il ne peut avoir ces rages d'ambition et de jalousie, qui ont porté le bourgeois aux plus détestables excès ; le paysan, et l'ouvrier commençaient donc non à oublier, mais à se résigner ; les conquêtes de la Révolution, sans cesse menacées par les tendances du gouvernement, restaient acquises cependant ; le laboureur poussait tranquillement sa charrue sur son champ révolutionnairement acquis, et le Code Napoléon n'avait été touché dans aucune de ses parties essentielles : l'aisance venait, la prospérité était prochaine, la rente montait ; les travaux publics s'achevaient de toutes parts ; la guerre enfin n'exigeait plus de cruels sacrifices, et le repos, tout au moins, allait succéder aux glorieux orages d'autrefois. Ce fut à ce moment que la classe moyenne se mit au travers de ce mouvement manifeste de pacification, et, sans en avoir conscience, commença à démolir l'édifice politique qu'elle avait construit avec l'aide des Prussiens. Qu'elle gouverne un empire, une royauté légitime, une royauté quasi illégitime, ou une république, le résultat sera toujours le même : elle cassera son joujou, se désolera un moment, reprendra courage et recommencera.

LES CANDIDATS CONSTITUTIONNELS.

Pour renverser de Villèle, les libéraux et les royalistes modérés avaient fait campagne commune sous le nom de candidats constitutionnels ; l'on avait pu voir recommandés par les *Débats* aux choix des royalistes : MM. de Lafayette, Dupont de l'Eure, Benjamin Constant, Laffitte, Casimir Périer, les généraux Gérard de Thiard, Tarayre, Semelay, de Marcoy ; MM. Kœchlin, Labbey de Pompières, Méchin, de Montlosier, tandis que d'autre part le *Constitutionnel* et le *Courrier français* indiquaient au choix des élec-

teurs libéraux : MM. de Labourdonnais, Delalot, de Cordoue, de Ricart, de Cambon, Hyde de
Neuville, Duvergier de Hauranne, de Lesar-
dières, Agier et Bourdeau.

Cette entente politique fort sage, et qui eut
probablement sauvé la Restauration, si l'on avait
eu la fermeté nécessaire pour y rester fidèle,
n'était pas le résultat d'un fait de hasard engendré pas la versatilité parisienne, il répondait
à un vœu du pays.

Grâce à l'esprit délié du roi Louis XVIII
on avait traversé, sans qu'il fût survenu de
graves avaries à la machine politique, les temps
les plus difficiles ; Charles X, prince d'une intelligence moins ouverte et entouré des fanatiques
du *trône et de l'autel* avait cependant fort bien
compris la nécessité de ne pas donner tout le
pouvoir aux représentants d'une société vieillie ;
ne pouvant retrouver leurs privilèges, ils auraient dû se contenter de l'influence assurément
très considérable que leur donnaient les reflets
d'une cour légitimiste. D'un autre côté, *les libéraux*, qui se composaient alors de bonapartistes,
de partisans inavoués du duc d'Orléans et de
cette haute bourgeoisie impatiente d'entrer aux
affaires, commençaient à trouver bien long leur
exil du pouvoir ; de tous côtés, on venait à eux ;

pourquoi auraient-ils repoussé toutes ces avances? Ils n'avaient point encore compris que le régime parlementaire, imprudemment concédé par la Restauration, leur livrait le gouvernement entier, et ils se fussent défendus avec énergie, si on les avait accusés de vouloir se mettre au-dessus de leur roi légitime ; ayant remporté dans les élections une victoire dont la grandeur tout au moins était inespérée, ce succès les disposait à la conciliation.

A la cérémonie officielle de l'ouverture des Chambres, le roi après avoir traité la politique intérieure, ajouta : « Quelle que soit l'intimité des rapports qui doivent exister entre la religion et l'éducation des hommes, l'instruction publique et les affaires ecclésiastiques m'ont paru exiger une direction séparée et j'en ai ordonné la division.

« Voulant affermir de plus en plus dans mes états la charte qui fut octroyée par mon frère et que j'ai juré de maintenir, je veillerai à ce qu'on travaille avec sagesse et maturité à mettre notre législation en harmonie avec elle.

« Quelques hautes questions d'administration publique ont été signalées à ma sollicitude.

« Convaincu que la véritable force des trônes est, après la puissance divine, dans l'observation des lois, j'ai ordonné que ces questions fussent approfondies et que la discussion fît briller la vérité, ce premier besoin des princes et des peuples. »

Ces derniers paragraphes, qui contenaient le désaveu explicite de la politique de M. de Villèle et l'avènement prévu de M. de Martignac, causèrent sur tous les bancs de l'Assemblée, à l'exception de l'extrême droite, un enthousiasme des plus vifs, et les cris de : *Vive le roi!* furent poussés avec une véritable passion par tous ces enfants prodigues qui revenaient à la couronne.

A l'occasion de la discussion de l'adresse, ces cris de fidélité se renouvelèrent dans l'enceinte même du palais législatif. Un orateur de la droite ayant essayé de justifier la précédente administration, un de ces royalistes modérés qui venaient de remporter la victoire avec le concours des libéraux, expliqua très clairement le revirement qui s'était opéré dans les esprits : « S'il fut en France, dit M. Augustin de Leyval, deux peuples dans le même peuple, ils se sont donné le signe de paix : on nous parle de troubles, de révolutions. Personne plus que moi n'a eu en horreur l'anarchie et le despotisme; ils m'ont ravi mes parents, ma fortune; ils ont abreuvé mon enfance d'amertume et de misères ; mais s'il m'en est resté des impressions profondes, elles n'offusquent ni mon sens ni ma raison ; des fantômes, quelque hideux qu'ils soient, ne sont pour moi que des fantômes. » A ces mots l'Assemblée applaudit furieusement, à l'exception de la droite silencieuse.

« Et la Révolution, continue l'orateur, où est-elle ? La charte a tué le monstre et ce n'est qu'en voulant tuer la charte qu'on peut le faire revivre... Il est des temps où les peuples semblent avoir besoin d'anarchie ; il en est d'autres où ils ne veulent que la raison. Ces derniers temps sont venus pour la France : tant de vicissitudes dans les événements, tant de bonnes et de mauvaises fortunes, tant de joies étouffées à leur naissance, de triomphes suivis de promptes défaites ont dissipé les fumées de l'ivresse politique.

« L'aménité naturelle de nos mœurs, nos habitudes bienveillantes et polies, ont rapproché des hommes ennuyés de se haïr ; dans leurs rapports plus confiants et plus faciles, les opinions se sont par degrés adoucies et confondues. Que vous dirai-je enfin ? le royalisme est devenu libéral, et le libéralisme est devenu monarchique ! »

Cette dernière phrase, qui peignait si justement l'état d'esprit des auditeurs, fut le signal d'acclamations qui se redoublèrent à la vue de l'immobilité de la droite. Les sentiments que révélaient ces cris devaient s'accuser dans les faits : la nomination du président est d'ordinaire le premier acte politique d'une Assemblée et celui qui permet de préjuger son attitude à l'égard du pouvoir et de ses ministres. MM. Delalot (312 voix), Hyde de Neuville (206), Royer-Collard (189), Gauthier (187), Casimir Périer (180), ayant tous obtenu une majorité suffisante, devenaient candidats définitifs, et ne permettaient au roi que de choisir entre des libéraux et des monarchistes modérés, à l'exclusion des partisans de M. de Villèle. Le prince accepta de fort, bonne grâce la nécessité qui s'imposait, et choisit M. Royer-Collard, le plus en vue et le plus autorisé assurément de tous les candidats.

Ce bon accord devait se retrouver avec une signification encore plus précise, à l'occasion d'un projet présenté par M. de Martignac *sur la revision annuelle des listes électorales et du jury.* Les organes de l'ancienne opposition s'étaient trouvés unanimes pour en louer les dispositions libérales, et la discussion ouverte le 28 avril présenta le spectacle intéressant d'un

projet du gouvernement chaudement accueilli
par la majorité nouvelle et non moins opiniâ-
trément attaqué par les membres de l'ancienne
majorité dont la défaite se chiffra de la manière
suivante : sur 362 votants, 257 avaient déposé
des boules blanches ; les boules noires n'arri-
vaient qu'à 105 : l'avantage obtenu par les partisans de la loi était de 152.

C'était écrasant pour les anciens soutiens
du *trône et de l'autel*, et cette majorité allait
s'affirmer de nouveau, à l'occasion du projet
de loi sur la presse, qui fut adopté par
266 voix malgré l'opposition de 116 membres
de la droite. Cependant les *libéraux*, qui ne
savent jamais s'arrêter dans leurs revendications, et ne se déclarent contents que lorsqu'ils ont obtenu satisfaction pour l'intégralité
de leurs vœux, allaient courir le risque de
briser la bonne harmonie que ces votes répétés
avaient amenée entre eux et le gouvernement,
de renoncer à cet accord fécond, qui remettait
entre leurs mains toutes les réalités du pouvoir.

EXIGENCES IMPOLITIQUES DES LIBÉRAUX

On se rappelle, en effet, qu'à cette époque les

vainqueurs abusant de leur victoire voulurent mettre les anciens ministres en accusation ; c'était bien impolitique et bien inutile à la fois : impolitique, parce qu'on risquait fort de mécontenter le roi qui montrait de si favorables dispositions ; inutile, aussi, puisque chaque jour révélait la force qu'on avait acquise et permettait de faire voter tous les projets raisonnables.

La discussion tour à tour violente, confuse et embarrassée se termina par une espèce de renoncement au projet primitif, et ne fut remarquable, au point de vue de l'historien, que pour la preuve qu'elle donna de l'attachement très vif et très sincère de la majorité nouvelle pour la personne du prince. La proposition de M. Labbay de Pompières débutait ainsi : *J'accuse les anciens ministres de trahison envers le roi qu'ils ont isolé du peuple ; je les accuse de trahison envers le peuple qu'ils ont privé de la confiance du roi.*

M. de Martignac, tout en acceptant le fond du débat, de concert d'ailleurs avec les anciens ministres impatients, disait-il, d'en finir avec ce ridicule procès, déclare qu'il ne peut admettre les termes de la proposition : « Non, messieurs, s'écrie-t-il, le roi n'est pas isolé de de son peuple, ni le peuple de son roi. Non, ce divorce funeste, déplorable, entre ce qui doit être uni pour le bonheur et la gloire de la France, n'a jamais été consommé ni tenté : j'en atteste les cris d'enthousiasme autour de la personne sacrée de Sa Majesté ; j'en atteste les sentiments qui s'emparent de tous les cœurs à l'aspect de Charles X, à la vue du père du peuple ! »

A ces derniers mots, la droite entière se lève et crie avec énergie : *Vive le roi !* la gauche, qui ne veut pas laisser suspecter ses sentiments se lève à son tour, et pousse le même cri avec plus de violence encore et, comme deux armées qui en viennent aux mains, c'est avec les mêmes engins de guerre qu'elles cherchent à se vaincre ; quand cette fureur de fidélité fut un peu calmée, et que la Chambre eut retrouvé son calme habituel, il devint évident pour tous que les ex-opposants, les libéraux d'autrefois, n'hésitaient plus à entrer dans le gouvernement, qu'ils entendaient donner pour base à leur programme leur dévouement au Prince, et qu'ils considéraient comme le premier de leurs devoirs, la défense de sa politique.

Le roi ne voulait pas être en reste de dévouement vis-à-vis de ses nouveaux amis, car, sur les instances de M. Martignac, il prit une me-

sure qui leur tenait fort au cœur, mais qui coûta
certainement beaucoup à ses habitudes d'esprit
et à sa conscience religieuse. Il s'agissait alors,
comme aujourd'hui, de cette question des jésuites, que l'on accusait de tenir entre leurs mains
le gouvernement tout entier ; accusation assurément fort exagérée, mais à laquelle l'administration de M. de Villèle avait donné créance, en
affectant d'associer, en toutes occasions, le gouvernement et la religion, ce qui est, en France
au moins, un moyen infaillible de compromettre l'un et l'autre.

Les aménités échangées à cette occasion
entre les adversaires et les partisans de l'enseignement par les prêtres, aussi bien à la Chambre
que dans la presse, ne le cèdent en rien aux
violences dont nous sommes encore aujour-
d'hui les témoins. « Le système déplorable que
vous avez flétri, — dit à ses collègues de la
Chambre M. Petou — un très riche manufactu-
rier d'Elbeuf — n'est pas tombé avec le dernier
cabinet : les actes du gouvernement continuent
à être en opposition avec les besoins du pays.
La France attendait avec anxiété l'exécution
des lois contre une société qui encourage l'in-
tolérance religieuse et trouble le royaume. La
commission chargée par les ministres d'exami=

ner la question n'a pas craint de prendre une résolution funeste. — A une voix de majorité en effet, cette commission avait décidé que la direction des écoles secondaires ecclésiastiques, confiée aux prêtres qui suivent la règle de saint Ignace, n'est pas contraire aux lois du royaume ; — une majorité d'une seule voix prétend nous imposer une société poursuivie par les lois, cette société des jésuites que la France repousse avec horreur comme la cause de ses maux présents et futurs ! » Ces exagérations étaient dans le goût du jour, et M. Petou n'étonnait aucun de ses collègues en s'écriant : « Un bruit sinistre vient d'apprendre à la France étonnée qu'une commission a eu l'audace de proclamer la légalité des établissements des jésuites, en présence d'une Chambre comme la nôtre ! Le roi, dans le discours du trône, a fait appel à notre franchise ; eh bien ! il est de notre devoir de lui déclarer que les deux plus grands fléaux de son royaume sont les jésuites et la congrégation ! »

Il ne faudrait pas croire que l'ancienne opposition eut le monopole de la violence sur ces questions qui ont le triste privilège de faire perdre la tête à tout le monde : à l'apparition des ordonnances qui donnaient satisfaction au parti *libé-*

ral, et déclaraient *qu'à partir du* 1er *octobre* 1828 *les établissements, connus sous le nom d'écoles secondaires ecclésiastiques, dirigés par des personnes appartenant à une congrégation religieuse non autorisée, et actuellement existant à Aix, Billion, Bordeaux, Dôle, Forcalquier, Montmorillon, Saint-Acheul et Sainte-Anne-d'Auray, seront soumis au régime de l'université,* la colère de la droite ne connut plus de bornes : l'Église était ramenée au temps de Néron et de Dioclétien ; ces libéraux n'étaient que d'affreux hypocrites, qui n'ont que le mot *Charte* à la bouche et qui seraient bien embarrassés de concilier leur conduite avec l'article de cette charte, qui porte que : *tous* les Français sont également admissibles à tous les emplois civils et militaires. Quant à la presse royaliste, ayant à sa tête un homme de talent, que la génération actuelle a connu et respecté (M. de Laurentie), elle s'écriait : « Applaudissez, race d'impies et de sacrilèges, écrivains factieux, applaudissez! voilà un prêtre (Mgr Fautrier, évêque de Beauvais) qui vous livre le sanctuaire, voici un magistrat (M. Portalis) qui vous livré le pouvoir ; vous vouliez que l'épiscopat fut enchaîné, on fait plus, on l'immole! ce que la Révolution n'eût jamais songé à arracher à Bonaparte, deux ministres le font faire à la monarchie légitime ; tous les deux rivalisent de zèle pour exterminer le sacerdoce dans sa racine et pour accomplir ainsi l'œuvre de la Révolution. » Et l'on terminait ce plaidoyer furibond en rappelant que l'évêque de Beauvais était un ministre lâche et perfide, un nouveau Julien, traître à ses frères, à sa foi, à son roi et que l'Église compterait désormais au nombre de ses plus cruels persécuteurs !

On sait la fin de la querelle, et comment le pape engagea publiquement le clergé de France à obéir aux ordonnances. Que devenaient alors ces accusations de trahisons adressées si légèrement à des prêtres qui n'avaient fait qu'obéir à leur prince et qui se trouvaient d'accord avec Sa Sainteté ? Elles allèrent rejoindre dans l'oubli les déclamations insensées de l'opposition. Si de nos jours, une question pareille semble exciter les mêmes ardeurs, sans qu'on puisse espérer de les voir éteindre de la même manière, il faut en faire remonter la responsabilité à une administration politique, qui a prouvé maintes fois que c'est à la religion qu'elle en veut, et non pas seulement à certaines attributions de ses ministres.

Il est malheureusement certain que le pape,

n'adresserait pas à nos évêques une communication semblable à celle de cette époque : « Le roi, disait le ministre des cultes, ayant daigné me faire communiquer *les réponses de Rome* relatives aux ordonnances du 14 juin, et m'ayant invité à vous en donner connaissance, j'ai l'honneur de vous informer que Sa Sainteté, persuadée du dévouement sans réserve des évêques de France pour Sa Majesté, ainsi que de leur amour pour la paix et pour tous les autres véritables intérêts de notre sainte Église, a fait répondre : *que les évêques doivent se confier à la sagesse du roi pour l'exécution des ordonnances, et marcher d'accord avec le trône.* »

Le prince avait donc largement payé sa part dans le contrat nouveau qui s'établissait entre la couronne et la bourgeoisie, en donnant à cette dernière une satisfaction d'autant plus vive qu'à cette époque, cette classe politique avait des jésuites une horreur égale à l'admiration qu'elle professe aujourd'hui pour eux. Cette chaude réconciliation entre le roi et ses adhérents de la première heure, fut comprise et fêtée en province avec un éclat inaccoutumé.

CHARLES X FIDÈLE AUX LIBÉRAUX

Charles X quittait Saint-Cloud, le 31 août (1828), suivi du dauphin, de M. de Martignac et d'un grand nombre d'officiers se rendant au camp de Saint-Omer. L'accueil qu'il reçut (et dont nous prenons les détails dans le livre d'un républicain [1] offrit dès les premiers pas un caractère d'allégresse et d'enthousiasme que pas une des visites royales dans les diverses parties du royaume n'avait encore présenté. A Épernay, à Châlons, à Verdun et Metz, on ne remarquait pas seulement l'éclat des cérémonies officielles et la curiosité un peu banale de la foule; on peut dire que, de Paris jusqu'en Lorraine, la population rurale, accourue de plusieurs lieues à la ronde, formait comme la haie sur le passage du prince. En Alsace, à Saverne, les démonstrations empruntent aux habitudes locales des populations un caractère particulier; chaque commune envoie une députation composée de cavaliers et de jeunes filles richement vêtues; à leur arrivée à

1. *Histoire des deux Restaurations*, par M. A. de Vaulabelle.

Strasbourg, ces cavaliers sont au nombre de quinze cents, suivis de huit cents chariots ornés de fleurs éclatantes, attelés chacun de six chevaux et portant de nombreux groupes de jeunes alsaciennes magnifiquement habillées. L'enthousiasme fut aussi vif à Colmar et à Mulhouse qu'à Strasbourg, et, sans doute pour que personne ne pût se tromper sur les causes politiques qui avaient amené une si heureuse et si rare entente entre les gouvernants et les gouvernés, les députés extra-libéraux de ces contrées, MM. Benjamin Constant, Kœchlin, Casimir Périer, avaient tenu à se faire présenter au roi, qui de sa main avait décoré ce dernier : « Heureux de cet empressement, écrit M. de Vaulabelle, Charles X laissait déborder sur tous ceux qui l'approchaient la joie dont lui-même était rempli ; il avait des paroles gracieuses, prévenantes pour les hommes dont l'opposition avait acquis le plus de notoriété : Un jour que les applaudissements et les acclamations de la foule retentissaient autour de lui avec une force qui ne se lassait pas, il se tourna vers M. de Martignac et lui dit : « Ah ! monsieur, quelle nation ! que ne devons-nous pas faire pour elle ! »

Le prince, de retour à Paris et occupé des

soins de la politique, n'oublia pas ses *amis* les libéraux et permit à ses ministres d'ouvrir leurs rangs, pour y laisser entrer deux d'entre eux; de grandes directions politiques devaient également être confiées à quelques amis des nouvelles Excellences : cependant, le roi qui avait l'habitude d'un conseiller intime, d'un homme à qui il pût tout dire, avait pensé à faire revenir de Londres notre ambassadeur, M. J. de Polignac, pour remplir ce rôle. Dès que cette nouvelle eut franchi le cercle de la cour et parvint aux oreilles des députés, nos libéraux jetèrent les hauts cris et ne consentirent à faire silence que lorsque M. de Polignac fut retourné à son poste; ils préludaient, ainsi, à la conduite qu'ils tinrent 6 mois plus tard, en prétendant dicter au roi le choix de ses ministres.

Charles X, cependant, continuait à ses adversaires de la veille et du lendemain non seulement ses bonnes paroles, mais ses bonnes actions. Le discours du trône, prononcé le 26 janvier 1829, annonçait la présentation d'un projet de loi sur l'organisation des conseils municipaux et départementaux, projet vivement désiré par l'opposition; son discours se terminait par ces paroles significatives: « Chaque jour me révèle davantage l'affection de mes peuples et

me rend plus sainte l'obligation que j'ai contra-
tée de consacrer ma vie à leur bonheur. Cette
noble tâche que vous m'aiderez à remplir, messieurs, doit devenir de jour en jour plus facile. »

C'était encore une grande avance aux modérés
de toutes nuances; elle fut saisie et par suite
attaquée avec la dernière violence par le côté
droit de l'Assemblée : « Vainement, disait M. de
Conny, on s'efforce de croire à un calme trom-
peur : pense-t-on fortifier la monarchie en flat-
tant la Révolution qui devient menaçante à
l'instant même où elle cesse de trembler? un
changement de dynastie, comme en Angleterre,
ne serait-il pas le résultat, plus ou moins
éloigné, qu'appellent en France les moteurs de
révolution? N'est-ce pas sous Charles I^{or} que
les communes (allusion au projet de loi sur
les attributions des communes) usurpèrent sur
le roi et sur les pairs cette autorité qui amena
la révolution de 1648? et les moteurs de cette
révolution ne parlaient-ils pas sans cesse aussi
d'une coalition de papistes, de jésuites et
d'évêques ! »

La Chambre, malgré ces sinistres prophéties,
adopte successivement toutes les phrases de
l'adresse en réponse au discours du trône. Au
moment du vote définitif, tous les membres du

côté droit s'abstinrent et la boîte du scrutin recueillit 221 boules blanches.

Ces vainqueurs étaient, dès cette époque, les maîtres incontestables du pouvoir : allaient-ils user sagement et politiquement de leur puissance ? Après avoir vu le roi se séparer de ses amis de jeunesse et d'exil pour leur complaire, pousseraient-ils l'oubli de toute prévoyance jusqu'à exiger de ce prince le renoncement absolu à toute initiative propre ? On ne sait que trop que l'instrument politique dont ils étaient armés leur permettait d'aller jusque-là. Abuseraient-ils d'une erreur commise par tous, car personne n'imaginait en France, à cette époque, que le mécanisme parlementaire découronnait réellement le prince, et remettait sa couronne entre les mains de l'assemblée ? Au mépris de leurs vœux les plus chers, ces 221, qui ne rêvaient assurément aucun changement dynastique, qui se disaient très sincèrement rattachés à la légitimité, renverseraient-ils sans le vouloir, par des exigences maladroites, cette antique maison de France, qu'ils faisaient profession publique de respecter, avec laquelle ils étaient en coquetterie quotidienne et dont ils acceptaient les sourires, les croix et les portefeuilles ?

LES 221

Dans cette session même, à propos de ce projet d'attributions des conseils municipaux, si vivement désiré par l'ancienne opposition, si gracieusement accordé par le roi, si habilement rédigé et défendu par M. de Martignac, la confiance fera place au désaccord et les 221 et le roi seront brouillés.

1829. — Après un débat de huit jours, la discussion générale du projet étant fermée, on passait au vote des articles lorsqu'un amendement soutenu par l'ancienne gauche et repoussé par le ministère (la suppression des conseils d'arrondissement) provoqua la crise ; la droite, attentive, vota avec ses adversaires et le ministère fut frappé et tomba ; le gouvernement parlementaire est fécond en catastrophes de cette nature ; les ennemis les plus acharnés et qui ne s'entendent sur rien, s'entendent toujours pour renverser un ministère : MM. de Martignac et Portalis allèrent prendre, séance tenante, les ordres du roi et rapportèrent des Tuileries une ordonnance qui retirait les deux projets de loi sur l'organisation communale et départementale. Charles **X**, en recevant avec grande bienveillance ses deux ministres, leur avait dit tristement : « Je vous le disais bien, messieurs, il n'y a aucun moyen de traiter avec ces gens-là ; il est temps de vous arrêter, je vous remercie de votre résolution. »

Il n'y avait en effet aucun moyen de gouverner avec ces gens-là, que l'impatience du mieux mène toujours au pire. A partir de ce jour, la session, dépourvue d'intérêt, se traîna dans les détails du budget, donnant raison tantôt aux droites, tantôt aux gauches, sans que la raison véritable fût jamais consultée, et finit officiellement le 30 juillet, après six mois de discussions souvent passionnées et de travaux toujours stériles.

Les vices du régime politique, indépendamment des fautes qui avaient pu être commises de part et d'autre, commençaient à inquiéter les esprits prévoyants et à faire sentir leurs effets. Le roi, de l'aveu de ses amis et de ses ennemis, était monté sur le trône dans le dessein avoué de gouverner et non pas seulement de régner, et n'entendait pas abdiquer entre les mains des députés ; de leur coté, les anciens partisans de la royauté réunissaient toutes leurs forces de persuasion auprès du prince, usaient de toute

leur influence auprès des populations, pour créer
une résistance efficace à ce pouvoir nouveau,
qui avait, disaient-ils, tout corrompu, jusqu'à la
cour, qui prétendait avoir sa politique et ses
ministres, comme si, dans une monarchie française, il pouvait y avoir, après contrôle et discussion, d'autre politique que celle du roi et
d'autres ministres que ceux du monarque. Ils
terminaient invariablement leurs critiques en
traitant de révolutionnaire le pouvoir nouveau;
il ne méritait cependant ni cet excès d'honneur
ni cette indignité, car la Révolution avait été
achevée par Napoléon, et personne ne s'était
senti en mesure d'y porter une main sacrilège,
malgré la bonne envie qu'on en montrait; les
221 se croyaient au contraire de très sincères
conservateurs; il ne rêvaient aucune révolution,
ni grande ni petite, et ils donnèrent plus tard
la mesure exacte de leurs sentiments à ce sujet,
par leur étonnement et leur anxiété quand cette
révolution arriva.

Les gens prévoyants, en petit nombre il est
vrai, sentaient donc bien que le duel était inévitable et prochain : les anciens partisans du roi
assuraient avec raison qu'on ne le dépouillerait
pas sans lutte de son pouvoir ; le juste orgueil
de son rang, indépendamment des exigences de

toute saine doctrine monarchique, ne lui permettrait jamais de consentir à un pareil sacrifice. De leur côté, les perspicaces parmi les libéraux commencèrent à s'apercevoir qu'ils possédaient par la présence des ministres à la Chambre la souveraineté absolue, et ils ne doutaient pas qu'avec l'inexpérience politique dont leur parti avait donné tant de preuves il ne voulût aller jusqu'au bout de ses prétentions.

Aussi, à partir de cette époque, on entend dans les deux camps, malgré des succès politiques à l'intérieur, malgré l'accalmie profonde qui s'étend sur le pays, malgré sa richesse et sa prospérité qui s'augmentent chaque jour, les pronostics les plus désolants : rien ne semble nécessiter une révolution et tout le monde s'y attend. Nous avons rapporté quelques paroles de M. de Conny au début de cette session ; il est intéressant de les rapprocher de celles du général Lamarque qui en sont comme la clôture, quand on est si bien d'accord dans les camps opposés au sujet d'un événement futur, cet événement ne manque jamais de se réaliser.

« Mille bruits, disait le général, circulent dans la capitale et jettent l'alarme dans nos départements, où les agents, les instruments actifs de la dernière administration sont encore par-

tout debout et menaçants. Là, en présence de
ceux qui opprimaient, on craint une nouvelle
oppression ; là, on croit à la possibilité de ces
violations de la Charte, de ces coups d'État
dont nous menacent quelques ministres tombés
et qui invoquent le chaos pour remonter au
pouvoir. Deux cents ans se sont écoulés depuis
que, de l'autre côté de la Manche, on parlait
aussi de violer la grande Charte, de renvoyer les
Chambres, de lever l'impôt par ordonnance :
on l'essaya et vous savez quels en furent les
résultats ».

LE ROI

C'est une opinion commune que Charles X,
en constituant le ministère dont M. de Polignac
fut le chef[1], porta un défi à la révolution,
et qu'en renversant ce prince, elle ne fit qu'user
du droit de légitime défense.

1. Affaires étrangères : le prince J. de Polignac.
   Guerre : le comte de Bourmont.
   Intérieur : vicomte de Labourdonnaie.
   Justice : M. Courvoisier.
   Finances : comte de Chabrol.
   Marine : vice-amiral de Rigny.
   Affaires ecclésiastiques et instruction publique : le baron
      de Monthel.

Pour être très répandue, cette opinion n'en est pas moins fausse.

La Révolution, nous l'avons répété dix fois, n'avait jamais été mise en péril sérieux par la Restauration ; le Code Napoléon, avec toutes ses prescriptions en faveur de l'égalité civile, n'avait pas été touché ; le ministère de M. de Polignac, ou, pour parler plus exactement, le ministère du roi, n'avait pas la moindre intention d'y toucher davantage. Les projets préparés par lui n'avaient rien de politique ; ils n'avaient pour but que la prospérité matérielle et la gloire de la France ; à quelque point de vue que l'on se place, il était donc d'une souveraine injustice de crier à la perte du pays, avant que ces ministres eussent fait connaître leurs intentions, et d'une rare imprudence, de chercher à leur rendre la vie parlementaire impossible ; de forcer le roi à les renvoyer au mépris de son droit alors le plus incontesté par tous les partis, et en courant le risque, dans une lutte engagée non plus avec les serviteurs du prince, mais avec le prince lui-même, de renverser cette royauté légitime à laquelle on se disait si attaché.

Dans cette querelle mémorable, c'est le roi qui avait raison. Il avait épuisé au profit des libéraux toutes les concessions compatibles avec le pouvoir royal. Il avait remercié de Villèle, dissous les congrégations religieuses, remanié dans un sens populaire les attributions des conseils municipaux et départementaux ; il s'était avancé dans le choix de ses ministres, du centre gauche jusqu'à la gauche, et voyant toutes ses prévenances, toute sa docilité méconnues, son ministre Martignac, renvoyé, il avait pris la résolution de faire à ses risques et périls son métier de roi : de choisir des ministres et de les garder.

Cette tentative ne devait pas réussir, car elle rencontrait sur son chemin deux obstacles insurmontables : personne, en effet, n'avait prévu que le régime parlementaire pût forcer la main à la couronne, et quand la lutte fut sérieusement engagée, les 221 firent usage d'un pouvoir dont ils ne connaissaient pas encore la redoutable étendue. D'un autre côté, quand le prince veut rester libre, et qu'il entend se passer des permissions parlementaires, il faut qu'il s'appuie sur le peuple proprement dit, ainsi que le veut notre antique tradition française, et non sur un corps électoral censitaire de peu d'étendue, qui remet tout le pouvoir légal entre les mains de la bourgeoisie. Quelle espérance y a-t-il, en effet, de trouver un

appui dans cette classe changeante, sans éducation et sans convictions politiques que l'on
trouve à la tête de tous les mouvements révolutionnaires ? Pour être en mesure de repousser les ordres des députés d'un Parlement, il
ne faut pas recourir aux parlementaires disséminés sur la surface du pays ; l'électeur qui paye
trois cents francs d'impôts et le candidat qu'il
a transformé en député sont de même origine:
l'appel que le prince serait tenté de former
devant lui, du jugement prononcé par la
Chambre, ne sera donc jamais cassé. Pour échapper aux turbulences et aux contradictions inévitables de l'Assemblée, il faut se retremper
dans le courant populaire. Les masses sont
aussi fatalement conservatrices que la bourgeoisie est fatalement révolutionnaire ; et
cela dans notre pays plus encore que dans tout
autre, car le paysan propriétaire ne demande
rien et le bourgeois libéral ambitionne tout.

Charles X ne pouvait recourir au suffrage
universel qu'il avait détrôné dans la personne
de Napoléon, et que l'invasion, cette fatalité de
son origine, pouvait lui rendre hostile. Il était à la
merci des parlementaires de la Chambre et du
pays : il devait donc périr, et il périt. Mais, si la
fausseté de sa situation amena sa chute, il se

battit et perdit sa couronne en roi pour sauvegarder le principe de la France moderne,
celui des Bonaparte, celui de la royauté con-
trôlée, mais non asservie, celui du régime constitutionnel, et non du régime parlementaire :
singulière destinée d'un Bourbon qui tire l'épée
pour défendre la cause des Napoléons !

Au point où en étaient arrivées les choses, il
ne pouvait plus être question de débats parlementaires proprement dits ; il ne nous reste qu'à
dire les péripéties de la bataille pacifique
d'abord et bientôt sanglante qui venait de s'engager.

Les Chambres avaient été convoquées pour
le 2 mars (1830) : c'était la preuve la plus manifeste du désir du gouvernement de ne pas sortir
des voies légales.

Le roi, après avoir énuméré avec détail et
avec précision les causes et les préparatifs de
l'expédition qui devait nous donner l'Algérie,
après avoir dépeint, sous les couleurs les plus
rassurantes et les plus vraies, l'état prospère de
notre agriculture et de notre industrie, ayant
fait connaître les moyens heureux de trésorerie
qui lui permettraient, sans grever le trésor, de
donner une impulsion très vive aux travaux
publics, après avoir constaté l'équilibre constant

de nos budgets et, pour cette année, un bel excédent de recettes sur les dépenses, le roi ajouta : « Pairs de France, députés des départements, je ne doute pas de votre concours pour opérer le bien que je veux faire. Vous repousserez avec mépris les perfides insinuations que la malveillance cherche à propager. Si de coupables manœuvres suscitaient à mon gouvernement des obstacles que je ne veux pas prévoir, je trouverais la force de les surmonter dans ma résolution de maintenir la paix publique dans la juste confiance des Français et dans l'amour qu'ils ont toujours montré pour leur roi. »

Le lendemain de cette séance historique, les journaux libéraux feignirent avec une touchante unanimité un étonnement ingénu : Qu'est-il donc survenu en France depuis quatorze mois? disaient-ils. L'anarchie s'est-elle montrée sur quelque point du royaume? des conspirations contre l'ordre établi ont-elles été découvertes? Quel motif a donc pu décider la couronne à envelopper dans une hypothèse chimérique une de ces vagues menaces qui tombent dans les imaginations alarmées, y fermentent, s'y développent et paraissent comme l'annonce de quelque catastrophe?

Ces faux bonshommes auraient bien su trou-

ver eux-mêmes la réponse à leurs demandes.
Il est certain, en effet, que le pays était calme,
prospère alors comme un an auparavant, que
personne n'en voulait à l'ordre de choses établi,
mais les 221 ne voulaient pas du ministère que
le roi avait choisi, et comme ils s'apercevaient
chaque jour davantage de la grandeur de leur
pouvoir à ce sujet, ils en usaient immodéré-
ment, sans se demander un instant si, en persis-
tant dans cette voie, ils n'aboutiraient pas à une
révolution qu'aucun d'eux ne souhaitait.

C'est à ce jeu d'enfants terribles que s'éver-
tuèrent les discoureurs de l'Adresse dont les
principaux passages étaient ainsi conçus :

« Au milieu des sentiments unanimes de
respect et d'affection dont votre peuple vous
entoure, il se manifeste dans les esprits une vive
inquiétude qui trouble la sécurité dont la France
avait commencé à jouir, altère les sources de sa
prospérité et pourrait, si elle se prolongeait,
devenir funeste à son repos. Notre conscience,
notre honneur, la fidélité que nous avons jurée
et que nous garderons toujours nous imposent
le devoir de vous en dévoiler la cause.

« Sire, la Charte que nous devons à votre
prédécesseur et dont Votre Majesté a la ferme
résolution de consolider le bienfait, consacre

comme un droit l'intervention du pays dans la délibération des intérêts publics ; cette intervention devait être, elle était en effet directe, sagement mesurée, circonscrite dans des limites exactement tracées et que nous ne souffrirons jamais que l'on ose tenter de franchir ; mais elle est positive dans son résultat, car elle fait du *concours permanent* des vues politiques de votre gouvernement avec les vœux de votre peuple la condition indispensable de la marche régulière des affaires politiques.

« Sire, notre loyauté, notre dévouement nous *conduisent* à vous dire que *ce concours n'existe pas* ».

Respectueuse dans la forme, pleine de protestations sincères de fidélité au trône, cette Adresse, au point de vue politique de 221 royalistes, était un chef-d'œuvre de passion maladroite. Dans ses arguments, en effet, elle ne supporte pas l'examen, car il était fort osé d'affirmer que le pays et le gouvernement étaient en désaccord sur des *projets* qui n'étaient pas encore formulés ; et dans son résultat inévitable, à savoir la dissolution de l'Assemblée, et si le peuple renvoyait à la Chambre la même députation, la chute de la royauté, elle était des plus dangereuses. Nos 221 restaient cependant dans la plus complète illusion ; ils arriveraient, disaient-ils, à jeter par-dessus bord le ministère Polignac, deviendraient ministres à leur tour, et la France continuerait le cours de sa paisible destinée ; c'était là toute leur politique. Il existait bien un roi qui pouvait avoir des goûts comme ils avaient le leur, mais est-ce qu'un roi *libéral* ne doit point obéir aux caprices mêmes d'un Parlement ? Il y avait bien aussi une Chambre des pairs composée de gens de poids, de talents, qui s'étaient illustrés dans toutes les carrières ; mais à quoi bon prendre l'avis de gens qui n'étaient qu'illustres! un collège d'arrondissement et deux cents bourgeois censitaires créent une bien autre illustration et surtout un bien plus grand pouvoir ; les temps prédits par Sieyès étaient enfin arrivés, *le tiers était tout!* Dans la discussion, la thèse véritable, celle qui faisait le fond du débat, n'avait pas été oubliée. Le roi, disait-on à droite, peut choisir ses ministres, il faut être factieux pour lui dénier cette prérogative. Sans doute, répondait la gauche, le roi est libre car s'il veut conserver son ministère, il n'a qu'à dissoudre la Chambre, et alors, le pays ayant fait connaître ses intentions, c'est au pays et non à la Chambre que le roi refusera d'obéir. Nous avons dit pour-

quoi le roi ne se trouvait pas dans le cas de
pouvoir recourir au *pays légal* avec quelque
chance de succès, puisque ce corps électoral
était fait à l'image des députés qu'il venait de
nommer ; mais quand bien même le suffrage
universel existe, c'est méconnaître gravement
l'autorité nécessaire d'un chef d'État, aussi
bien en république qu'en monarchie, que de le
forcer à une aussi grave résolution que la convocation des collèges électoraux, convocation
que beaucoup de circonstances peuvent rendre
fâcheuse, et avant laquelle on constate avec
maturité l'état du pays, l'émotion des esprits,
les nécessités de la politique extérieure ; c'est
d'ailleurs, et sans parler de cette extrémité,
changer et brouiller dans la pratique quotidienne toutes les attributions des pouvoirs de
l'État : le Législatif, disposant des ministres,
dispose en réalité de l'armée des préfets, des
procureurs généraux, c'est-à-dire de tous les
moyens d'action de l'Exécutif : remise entre les
mains d'une Assemblée nécessairement irresponsable, cette action souveraine ne cesse d'être
sotte que pour devenir tyrannique.

L'Adresse, c'est-à-dire la déclaration de
guerre, fut donc votée par les 221.

Il n'y avait, d'ailleurs, que ces honnêtes et

candides députés pour se méprendre sur la portée de l'acte qu'ils venaient de commettre. Leurs adversaires furent plus clairvoyants : quelques-uns d'entre eux arrivèrent jusqu'à la prophétie. On lisait dans la *Quotidienne*, au lendemain de ce vote : « 221 hommes ayant prêté serment de fidélité au roi *ont sanctionné le premier manifeste de la révolution de 1830* ; une coterie composée des vieux débris de nos assemblées populaires, des tristes restes des janissaires de Bonaparte, et grossie d'une trentaine de renégats de la monarchie, qui ont pris à la remorque la galère de la Révolution, a voulu nous donner le spectacle d'une atteinte portée à la royauté par la souveraineté du peuple ; mais les meneurs de ce parti n'ont à à leur disposition que la boule qu'ils ont laissée tomber hier dans l'une ; ils auront à répondre à un roi qu'on n'a pas encore dépouillé de son autorité, et qui, entouré d'une armée dévouée, appuyé sur une pairie fidèle, défendu par l'amour de tout un peuple, demandera compte, avec un front sévère, de sa volonté méconnue, de sa prérogative attaquée, de la Charte violée !»

La prophétie était juste, mais combien les espérances qu'on mettait dans les forces de la royauté étaient fausses ! Les 221, avec leurs boules dans l'urne, disposaient en réalité de la France : l'armée finit toujours par se rendre à une révolution parisienne, la pairie s'efface, et l'amour du peuple, à supposer qu'il existe, est impuissant, puisqu'il est de règle que notre capitale pense pour lui, agit à sa place, et ne permet aucune révolte contre la sienne.

Le roi écouta l'Adresse avec l'air calme et digne qui convient à un chef injurié : « Messieurs, dit-il aux députés, j'avais le droit de compter sur le concours des deux Chambres pour accomplir tout le bien que je méditais ; mon cœur s'afflige de voir les députés des départements déclarer que, de leur part, ce concours n'existe pas. J'ai annoncé mes résolutions dans mon discours d'ouverture de la session : ces résolutions sont *immuables :* l'intérêt du peuple me défend de m'en écarter. Mes ministres vous feront connaître mes intentions. »

Le lendemain, à une heure, M. Royer-Collard montait au fauteuil, et lisait à la Chambre une proclamation du roi prorogeant la session de 1830 au 3 septembre suivant.

LES BÉNÉFICIAIRES DE LA RÉVOLUTION
FAITE PAR LES 221

Le temps qui devait s'écouler jusqu'aux élections prochaines ne fut pas négligé par les ennemis constants de la Restauration qu'une société célèbre, la société *Aide-toi le Ciel t'aidera*, conduisait avec courage et intelligence à l'assaut des pouvoirs établis ; la réunion était alors présidée par M. Guizot, assisté de M. de Montalivet : à l'avènement de M. de Martignac, un grand nombre de ses membres satisfaits des concessions du pouvoir, se retirèrent et laissèrent la place libre à des hommes plus jeunes, plus actifs, ayant appartenu pour la plupart à l'ancienne société secrète des *Carbonari*, dirigée par M. de Lafayette. A la société *Aide-toi* on ne conspirait pas ; son existence n'avait rien d'occulte et ses actes rien de secret ; on agissait par la presse sur les élections : c'était une opposition fortement organisée, tous les journaux recevaient ses communications. En relation directe avec tous les députés, et indirectement avec presque tous les électeurs, elle était devenue une véritable puissance, et devait jouer un rôle décisif sur les élections qui se préparaient : le comité directeur en exercice à cette époque, et qui existait encore lors des journées de Juillet, était composé d'hommes dont la plupart ont occupé, depuis, de hautes positions et que notre génération a connus ; c'étaient MM. Guizot, O. Barrot, J. Bastide, J. Bernard, Berville, Boinvilliers, Cadet-Gassicourt, Godefroy Cavaignac, Chevallon, de Corcelles de Crusy, Lamy, Lanjuinais, Marchais, G. de Salverte, J. Taschereau, Ch. Thomas.

Ils n'eurent garde de tomber dans l'erreur que commirent les 221. Ils s'empressèrent autour de ces députés affolés, s'inquiétant peu de leurs sentiments et de leurs professions de foi, et prévoyant, avec un rare esprit politique, que ces singuliers défenseurs du trône deviendraient entre leurs mains les instruments les plus utiles de sa chute.

Par les soins de la société, les 221 furent donc partout fêtés en province. Les banquets succédaient aux banquets, les salles étaient décorées de fleurs au milieu desquelles se détachait le chiffre fatidique de 221. On buvait à la liberté, à la gloire, à l'indépendance, à la patrie, à la Charte surtout, à cette Charte que l'on jurait de défendre jusqu'à la mort. Et ces buveurs, enivrés de l'encens prodigué par des mains adroites, ces héros qui se montrèrent d'une rare prudence au jour de l'action, ressemblaient par avance à ces défenseurs trop zélés de la Constitution qui, en septembre 1870, escaladèrent les grilles du Palais législatif, pour *préserver son indépendance.*

A Paris, centre nécessairement révolutionnaire, la fête fut plus brillante et plus complète que partout ailleurs. Sept cents électeurs avaient offert aux députés de la Seine un banquet qui eut lieu aux *Vendanges de Bourgogne.* — C'est toujours à table que la bourgeoisie tue les gouvernements qu'elle aime. — Un jardin couvert, dont les arbres supportaient des guirlandes de fleurs et de verdure, avait été transformé en salle de festin ; des couronnes, au nombre de 221, rappelaient la majorité dont le vote avait déterminé l'adoption de l'Adresse ; au-dessus du fauteuil du président on lisait cette devise : *Hommage à nos députés ;* au-dessous de la devise un large cadre contenant le texte de la Charte. La société *Aide-toi,* qui ne rêvait que l'anéantissement de cette Charte, jurée sous le canon de l'étranger, et le renversement d'un trône dont l'existence lui paraissait une insulte à la Révolution, n'hésita pas cependant à flatter

les convives dans leurs sentiments secrets, et
pour ménager la pudeur de ces dynastiques
en goguette on ne but qu'au *concours des
trois pouvoirs, au roi constitutionnel, à la
Chambre des pairs, à la Chambre des députés.*

Au dessert, on était un peu plus animé, et le
président du banquet s'adressant aux députés
leur tint exactement ce langage : « Vous avez
flétri justement une administration déplorable,
sous laquelle la France a gémi pendant sept
ans ; et lorsque est venu le ministère qui blesse,
qui outrage tous nos sentiments d'honneur et
de nationalité et qui s'en fait gloire, ce ministère dont la religion politique est que nous ne
vivons, ne respirons, ne jouissons de la liberté
que par *concession*, et dont le premier cri a été :
Plus de concession, vous avez répondu au cri
d'alarme que la France a poussé, vous avez tous
refusé un concours qui eût été une complicité.
Messieurs, le moment solennel approche où le
corps électoral va, sans doute, être appelé à
prononcer, non entre des personnes, mais
entre des systèmes que la nature des choses
avait, avant nous, proclamés incompatibles ;
dans cette lutte entre une civilisation progres-
sive et une civilisation rétrograde, entre l'égalité et le privilège, entre le règne des lois et

celui du bon plaisir ou de la force aveugle, la victoire ne saurait être incertaine : la tribune et la presse ont fait leur devoir, nous ferons le nôtre. »

Sans doute, cette prose de banquet ne sortait pas des lieux communs propres à toutes les oppositions ; il est certain que la civilisation ne rétrogradait pas, que l'égalité n'avait pas été touchée, que le règne des lois était assuré, et l'on pouvait ajouter que rarement la France avait été si prospère. Cependant les journaux ministériels avaient tort de ne voir dans cette réunion qu'*une orgie de cabaret* et de traiter les convives *de conspirateurs avinés* parce que, en vérité, il n'y eut point d'orgie, et que les conspirateurs n'étaient pas les naïfs députés, mais ceux qui s'effaçaient modestement derrière eux et se bornaient à leur verser à boire, ensuite et surtout parce que ce n'est jamais une chose de peu de conséquence de voir les gendarmes trinquer avec les délinquants, et les députés fraterniser avec l'opposition.

A la suite de cette fête et pour en immortaliser le souvenir, on fit frapper une médaille en l'honneur des 221, que le bronze menteur déclarait *Sauveurs de la patrie.*

Charles X ne resta pas dans ces circonstances au-dessous de son rôle de roi. Tenant en juste mépris les conseils des timides qui recommandaient l'abstention et affirmaient que le chef de l'État, irresponsable, ne devait pas se commettre dans cette bagarre, sachant parfaitement, d'ailleurs, que toutes les théories les plus savantes ne l'empêcheraient pas d'être responsable, si les élections n'amenaient pas un changement radical dans les dispositions de la Chambre, le roi descendit bravement, couronne en tête, dans la lice électorale. A quoi bon la prudence ? Vaincu, il était détrôné, qu'il eût paru ou non sur le champ de bataille, car, nous l'avons dit déjà : en France, le roi est le représentant direct, historique et séculaire de la nation, et il n'y a pas entre lui et elle, comme en Angleterre, une aristocratie destinée à recevoir les honneurs, ou les coups, suivant les jours heureux ou malheureux.

Dix jours avant l'ouverture des collèges électoraux, le 13 juin 1830, le roi s'adressa au peuple en ces termes :

« Français :

« La dernière Chambre des députés a méconnu mes intentions ; j'avais le droit de compter sur son concours pour faire le bien que je méditais, elle me l'a refusé! Comme père de mon peuple, mon cœur s'en est affligé; comme roi, j'ai été offensé. J'ai prononcé la dissolution de cette Chambre.

« Français, votre prospérité fait ma gloire, votre bonheur est le mien. Au moment où les collèges électoraux vont s'ouvrir sur tous les points de mon royaume, vous écouterez la voix de votre roi.

« Maintenir la Charte constitutionnelle et les institutions qu'elle a fondées a été et sera toujours le but de mes efforts. Mais pour atteindre ce but, je dois exercer librement et faire respecter les droits sacrés qui sont l'apanage de la Couronne. C'est en eux qu'est la garantie du repos public et de vos libertés; la nature du gouvernement serait altérée si de coupables atteintes affaiblissaient mes prérogatives; je trahirais mes serments si je le souffrais.

« A l'abri de ce gouvernement, la France est devenue florissante et libre. Elle lui doit ses franchises, son crédit et son industrie. La France n'a rien à envier aux autres États, et ne peut aspirer qu'à la conservation des avantages dont elle jouit.

« Rassurez-vous donc sur vos droits; je les confonds avec les miens et les protégerai avec une égale sollicitude. Ne vous laissez pas égarer par le langage factieux des ennemis de votre repos. Repoussez d'indignes soupçons ét de fausses craintes, qui ébranleraient la confiance publique et pourraient exciter de grands désordres. Les desseins de ceux qui propagent ces craintes échoueront, quels qu'ils soient, devant mon *immuable résolution.* Votre sécurité, vos intérêts ne seront pas plus compromis que vos libertés. Je veille sur les uns comme sur les autres.

« Électeurs, hâtez-vous de vous rendre dans vos collèges! Qu'une négligence répréhensible ne les prive pas de votre présence, qu'un même sentiment vous anime, qu'un même drapeau vous rallie!

« C'est un roi qui vous le demande, c'est un père qui vous appelle. Remplissez vos devoirs, je saurai remplir les miens. »

« CHARLES. »

LA RÉVOLUTION

Le roi avait rempli tous ses devoirs de prince; il n'avait jamais pensé, en effet, qu'il fût un roi parlementaire, pas plus d'ailleurs que ses ministres, pas plus qu'aucun député, même de ceux qui faisaient partie de l'opposition. Le scrutin ouvert pour les nouvelles élections n'allait pas tarder à faire tomber toutes les illusions; le 23 juin, dans les collèges d'arrondissement, le cabinet n'obtient, sur 198 députés à élire, que 55 nominations, et, le 3 juillet, dans les collèges des départements, il ne se relève pas de sa défaite. L'opposition restait maîtresse du champ de bataille : non seulement les 221 avaient été réélus, mais le nombre de leurs adhérents politiques s'était sensiblement accru.

Le roi, vaincu au scrutin, ne voulut pas céder à des exigences qu'il regardait comme illégales, de quelque part qu'elles vinssent ; il répétait à ses ministres, démissionnaires, qu'il ne s'agissait plus d'une question de ministère, mais de monarchie, et que jamais il ne consentirait à leur renvoi et à se soumettre ainsi aux prétentions de la Chambre, qui ne tendaient à rien moins *qu'à confondre tous les pouvoirs et à réduire la Couronne au dernier degré d'avilissement*. Le roi, s'armant donc de l'article 14 de la Charte qui pouvait s'interpréter dans le sens d'une liberté entière d'action laissée à la royauté, d'une sorte de dictature dans les cas d'une extrême gravité, fit publier dans

le *Moniteur* du 9 août les célèbres ordonnances
que chacun connaît.

On a beaucoup disputé à cette époque sur le
sens et la portée de cet article 14, car, suivant
l'interprétation qu'on lui donnait, le roi était
sorti de la légalité, ou y était resté ; ce sont là
de vaines querelles ; chaque parti pouvait assurément trouver dans ce texte élastique des
arguments favorables à sa thèse, mais ce
n'est pas faute d'avoir éclairci un point obscur
de droit public que des deux parts on en vint
aux mains. La situation était fausse, et sa
conclusion logique était la bataille. Le roi dé-
fendait en sa personne et la dignité et les justes
prérogatives d'un chef d'État français, qu'il
s'appelle roi ou président de la république, et la
Constitution, la Charte donnait aux députés le
pouvoir d'outrager cette dignité et de se jouer
de ces prérogatives. Les députés usèrent de leur
pouvoir, et renversèrent le trône avec la prétention ingénue de le remettre dans le droit
chemin.

Le moment de l'action était arrivé pour les
hommes politiques qui avaient rêvé le renversement du trône et la fin de la légitimité. Les
journaux mettaient à leur disposition une
influence alors presque toute-puissante, et les

jeunes hommes de la société *Aide-toi* allaient prouver qu'ils ne craignaient pas de risquer leur vie pour le triomphe de leur cause.

Quant aux députés, ils voyaient clairement, quoique un peu tard, la catastrophe arriver à grands pas ; ils se désolaient et se refusaient obstinément à prendre une résolution qui pût faire suspecter leurs sentiments de fidélité au trône ; ils avaient voulu renverser un ministère et prendre sa place : leurs désirs secrets, leurs plus grandes audaces n'avaient jamais été au delà de ce programme, qui alliait dans une juste mesure, c'était au moins leur prétention, la dignité du Parlement et le soin de leurs intérêts personnels.

Cependant il était impossible, après un si grand fracas parlementaire, de ne pas se montrer, et les plus hardis convoquèrent tous leurs collègues présents à Paris, le 28 juillet à huit heures du soir, chez M. A. de Laborde. Dans la matinée, M. Dupin, consulté sur la manière la plus fructueuse de résister aux ordonnances, avait brusquement fermé la porte aux fâcheux en leur disant qu'il donnait des consultations sur le *droit* et non sur la *politique ;* chez M. de Laborde on ne se trouva que douze : les généralités firent d'abord les frais de la conversation, puis on proposa timidement une *protes-tation* bien dynastique, bien modérée, se fon-dant exclusivement sur l'interprétation de l'ar-ticle 14. C'était trop pour ces révolutionnaires éplorés, et déjà repentants ; on se rejeta, pour refuser, sur le très petit nombre de membres présents, et l'on s'ajourna au lendemain, à trois heures et demie, chez M. Casimir Perier. Le 29, au lieu de douze députés seulement on en compta le double ; ils étaient presque tous, a dit un témoin occulaire [1], en proie à une frayeur qu'ils ne prenaient pas la peine de dissimuler ; les jeunes gens en armes, qui commençaient à avoir maille à partir avec la gendarmerie, étaient venus offrir leurs services à la réunion et au maître de la maison ; mais ni l'un ni l'autre n'était encore d'humeur à se compromettre, et on refusa opiniâtrement de les laisser entrer. Un des membres, s'approchant de M. Villemain, lui dit à l'oreille, en lui fai-sant remarquer l'aspect abattu de ces révolution-naires consternés, que la séance se passerait probablement comme la précédente ; en conver-sations : « Je le crois comme vous, répondit

1. *Souvenirs historiques sur la Révolution de* 1830, par Bérard.

l'interlocuteur, je ne m'attendais pas à trouver autant de poltrons réunis. »

Cependant on propose de nouveau l'anodine protestation de la veille, mais elle n'a pas plus de succès le 29 que le 28 ; et l'on allait se séparer en se donnant rendez-vous pour le lendemain chez M. Audry de Puyraveau, lorsque les délégués d'un groupe nombreux d'électeurs parisiens (MM. Boulay de la Meurthe et Mérilhou) demandent à être introduits et à suivre la direction des députés réunis. On hésite longtemps, on discute avec vivacité : les recevoir, c'est se compromettre vis-à-vis du roi ; les éloigner, c'est se compromettre vis-à-vis du peuple, qui allait devenir maître de la rue de Paris c'est-à-dire maître de la France. On décide enfin qu'on les recevra, mais qu'on ne leur dira rien. La réunion remplit avec fidélité ce programme négatif, et les délégués reçoivent l'assurance que les députés se maintiendront tous à la hauteur de leurs devoirs, mais on leur affirme aussi que, pour le moment, la position est délicate, extrêmement difficile, et que ces hommes d'État ne peuvent encore rien décider. ni rien faire.

Après cette réponse héroïque, les députés sortent deux à deux par des couloirs différents.

Le maître de la maison se trouvait seul lorsque arrive un collègue qui raconte avec feu les
progrès de l'insurrection, qu'il a, dit-il, encou-
ragée. Le président de la réunion lui répond
sèchement : « Vous nous perdez en sortant de la
légalité, vous nous faites perdre une position
superbe. »

Chez M. Audry de Puyraveau, on se retrouva
à peu près en nombre égal : vingt à trente
députés ; MM. de Lafayette et Laffitte absents de
de Paris et revenus en toute hâte, assistaient à
la séance. La fusillade était vivement engagée
sur tous les boulevards, auprès de la maison
où se tenait la réunoin, et ce sinistre accom-
pagnement n'était guère de nature à rendre
aux plus entreprenants des 221 non pas une
énergie individuelle, qu'on n'a jamais niée, mais
cette énergie politique, qui s'empare des gens
qui ont un but à atteindre et qui savent y consacrer tous leurs efforts. Un membre s'écrie en
entrant : « C'est une révolution que nous avons à
conduire, je demande la formation d'un gouvernement provisoire. » Bouleversée par cette audace,
la réunion n'a qu'une voix pour répondre qu'elle
ne veut pas sortir de l'ordre légal, et que la
seule chose à faire sans se compromettre consiste
à se rendre auprès du maréchal duc de Raguse,

pour arrêter l'effusion du sang et arriver à une trêve qui permettrait aux députés et aux corps constitués de *porter leurs doléances au pied du trône*. La motion est accueillie et MM. Périer et Mauguin, les généraux Gérard et Lobau sont chargés de la mission fort périlleuse en ce moment, de traverser les rues et les barricades, pour se rendre au quartier général de Marmont (les Tuileries). Avant de partir ils assistent à la lecture de la *protestation* deux fois proposée et deux fois ajournée, dont les termes permettent de juger avec certitude l'état d'esprit des quelques rares députés qui osaient se montrer, et confirment surabondamment nos réfléxions : au milieu de la lutte, alors que le sang coulait de toutes parts, que les rues étaient partout barricadées, les réverbères éteints, les arbres arrachés, ils ne voulaient pas se séparer du trône, et, loin d'avoir jamais souhaité la Révolution déchaînée par eux, ils cherchaient tous les moyens de l'arrêter et d'arriver à un accommodement.

« Les soussignés, disait l'auteur de la protestation (M. Guizot), se regardent commé absolument obligés, par leur devoir envers le roi et la France, de protester contre les mesures que les conseillers de la couronne, trompant les intentions du monarque, ont fait naguère prévaloir pour le renversement du système légal des élections et la ruine de la liberté de la presse.

« En conséquence, les soussignés, invariablement fidèles à leur serment au roi et à la Charte constitutionnelle, protestent d'un commun accord non seulement contre lesdites mesures, mais aussi contre tous les actes qui pourraient en être la conséquence. »

Cette pièce, singulièrement pâle, si on regarde aux circonstances au milieu desquelles elle vit le jour, parut cependant encore bien compromettante aux membres de la réunion, qui refusèrent absolument de la signer.

Cependant, les députés envoyés auprès de Marmont avaient réussi à pénétrer jusqu'à lui ; M. Laffitte, qui a raconté lui-même sa conversation avec le commandant en chef des troupes royales, donne par ce document une preuve de plus de la fidélité qu'en ce moment encore les 221 gardaient au roi, puisqu'ils ne demandaient au maréchal que le retrait des ordonnances et un changement de ministère : « Il était seul, dit le narrateur, je lui peignis en termes énergiques l'état affreux de la capitale, les dangers qui en résultaient pour le pays et pour le trône lui-même. Le duc de Raguse m'écouta avec un sentiment très prononcé de bienveillance et aussi avec un sentiment non moins prononcé de ce qu'il regardait comme un devoir, d'obéir aux ordres qu'il avait reçus. Il s'établit entre lui et moi une discussion à ce sujet. Le duc me dit que les ordres étaient positifs, et que l'honneur l'obligeait à les exécuter.

« Il croyait que le seul moyen de s'entendre et d'arrêter l'effusion du sang était d'obtenir d'abord de la population de Paris l'obéissance aux ordres de l'autorité. Je lui dis que, lorsque tous les droits du pays avaient été violés, il ne fallait pas s'attendre à l'obéissance ; que nous ne pouvions exercer quelque influence sur les masses qu'en annonçant pour première condition le changement de ministère et le retrait des ordonnances.

« Le duc de Raguse montra les sentiments les plus honorables en nous parlant de la difficulté de sa position, de ce qu'il regardait comme *une fatalité de sa vie;* il nous répéta qu'il partageait nos sentiments, mais qu'il était enchaîné par son devoir. Je lui demandai s'il n'avait pas un moyen certain et prompt de faire connaître au roi l'état des choses et notre démarche. Il répondit qu'il s'en chargeait avec empressement, et qu'il en désirait le succès de tout son cœur, mais il ne nous dissimula pas qu'il n'en espérait rien. »

La fierté du soldat comprenait sans doute ce que les politiques de profession, ses interlocuteurs, ne voyaient qu'imparfaitement ; après avoir cédé devant l'émeute le roi, en effet, était irrémédiablement perdu, et sa couronne lui aurait pesé comme un affront jusqu'au jour prochain où le peuple l'aurait brisée. Ce malheureux prince céda quelques jours plus tard pour sauver l'existence politique de son petit-fils ; mais on ne se bat pas impunément avec Paris révolté : si le chef cède, il le traite d'imbécile, et s'il résiste, il le chasse.

Le lendemain, les députés qui s'étaient rassemblés chez M. Audry de Puyraveau se réunirent chez M. Bérard ; M. Laffitte et ses collègues rendirent compte de leur mission ; on entendit ensuite M. Coste, le gérant du *Temps*, qui refusait d'imprimer la fameuse protestation si elle n'était pas signée. Après bien des pourparlers on finit par obtenir de ce gérant, qui ne paraissait pas comprendre la fin des choses, que le document serait affiché avec la mention : *Étaient présents*.

A dix heures du soir, on se réunit de nouveau chez M. Audry de Puyraveau ; à ce moment les sommations légales des 221 n'ayant pas été écoutées, l'émeute tournait décidément à la révolution, et le nombre des députés présents devint fort petit : ils étaient dix ; et, encore, des discussions fâcheuses s'étant élevées entre eux, le général Sébastiani s'était écrié avec violence qu'à ses yeux le drapeau national était toujours le drapeau blanc, et il sortit en enmenant avec lui M. Méchin.

Le 29, à midi, on se réunit à l'hôtel Laffitte. La cause de Charles X paraissait décidément perdue. Aussi, au lieu de dix qu'ils étaient la veille, les députés se trouvaient au nombre de trente environ. Le président ouvrit la séance en demandant à ses collègues de prendre sérieusement la direction du mouvement révolutionnaire, non à titre de gouvernement provisoire (il fallait encore ménager bien des susceptibilités), mais à titre dé simples députés, et l'on décida de nommer une *commission municipale* chargée de veiller à l'ordre et à l'alimentation de Paris ; elle fut élue, séancé tenante. Les nouveaux administrateurs étaient : MM. Laffitte, Casimir Périer, général Lobau, de Thonon, Audry de Puyraveau et Mauguin. Le géné-

ral Lafayette venait d'être élu commandant de
la garde nationale, et le général Gérard commandant de toutes les forces militaires ; les
quelques députés qui disposaient ainsi de
toutes choses, puisqu'ils étaient maîtres de
Paris, en étaient là de leur besogne de souverains lorsque des feux de peloton éclatent tout
près de l'hôtel, c'étaient des soldats de la ligne
qui tiraient en l'air pour prouver au peuple
qu'ils ne voulaient plus continuer la lutte ; à ce
bruit, nos conspirateurs crient à la trahison ! la
parole s'arrête sur toutes les lèvres, la pâleur
est sur tous les visages. Chacun se précipite
vers les issues du salon ; le moment de terreur
qui, en ce moment-là même, emportait les Suisses
à travers la cour et le jardin des Tuileries, pousse
les députés vers la cour et le jardin de l'hôtel
Laffitte : les uns s'échappent par les portes,
d'autres s'élancent par les fenêtres, ceux-ci
s'efforcent de gagner la rue de Provence par
les derrières, ceux-là cherchent un refuge dans
les lieux les plus retirés des appartements ;
deux membres éperdus se blotissent dans une
écurie.

M. Laffitte, qui souffre d'une récente foulure,
est retenu dans son fauteuil, et dit en riant à son
neveu : « Quand on se mêle de politique en

temps de révolution il faudrait avoir au moins la liberté de ses jambes [1]. »

Si les jambes du président étaient inactives, son esprit était fort préoccupé de la combinaison politique qui lui était chère: l'arrivée au pouvoir du duc d'Orléans. Ce prince avait été sondé et n'avait répondu, selon sa coutume, que fort évasivement: le moment n'était pas encore venu où il pouvait avec quelque convenance accepter la couronne de Charles X; il fallait trouver quelque biais capable de rassurer les scrupules des uns et la timidité des autres ; les amis du Palais-Royal pensèrent l'avoir trouvé en proposant à la réunion des députés, qui se tenait ce jour-là dans la salle ordinaire du Palais législatif, de nommer le duc lieutenant général du royaume ; ce n'était pas un roi, il était donc possible à la rigueur de se dire fidèle à Charles X, et c'était un prince fort populaire dans les hautes classes bourgeoises de Paris, ce qui permettait de ne pas heurter les révolutionnaires. Cette solution, qui conserve les apparences d'une demi-mesure, toujours chères aux assemblées politiques, est votée avec entrain et prend la forme suivante: « La réunion des

1. Vaulabelle, t. VII, p. 445.

députés actuellement à Paris a pensé qu'il était urgent de prier S. A. R. monseigneur le duc d'Orléans de se rendre dans la capitale pour exercer les fonctions de lieutenant général du royaume et lui exprimer le vœu de conserver les couleurs nationales ; elle a de plus senti la nécessité de s'occuper sans relâche d'assurer à la France dans la plus prochaine session des Chambres toutes les garanties indispensables pour la pleine et entière exécution de la Charte. »

On se rappelle que, dans le même temps où les députés essayaient timidement de mettre sur le trône un roi sans couronne, Charles X, vaincu par son entourage, par les rapports de plus en plus pressants de Marmont, avait commis la faute suprème et toujours inutile de céder devant l'émeute, avait remplacé M. de Polignac par M. de Mortemart, signé le retrait des ordonnances, ce qui l'amenait, par une pente forcée, à reconnaître quelques heures plus tard le duc d'Orléans pour lieutenant général, à abdiquer en faveur de son petit-fils, le duc de Bordeaux, et à partir enfin pour l'exil, cette triste fin de tous nos rois qui ont confié leur couronne à la bourgeoisie.

LE DUC D'ORLÉANS

Mais tous ces faits historiques n'étaient pas encore consommés, et la perspicacité politique de nos 224 n'allait pas jusqu'à les deviner ; leur appréhension était, au contraire, très vive, car ils étaient sans nouvelles du duc d'Orléans ; la commission des douze membres qui avait été chargée de porter à ce prince l'invitation d'accepter le titre de lieutenant général s'était mise sur le champ en devoir de remplir sa mission : l'un d'eux (M. Berard) a raconté les auxiétés de la commission : « En arrivant au Palais-Royal, dit-il, nous avions bien plus l'air de gens qui venaient solliciter la commisération du duc d'Orléans que d'hommes qui venaient lui apporter une couronne dans leur poche ; notre costume un peu négligé, en raison des circonstances, ne ressemblait guère à celui d'ambassadeurs qui vont faire un roi. Le prince n'était pas au Palais-Royal ; nous demandons à l'aller trouver à Neuilly. On nous répondit mystérieusement qu'il était possible qu'il n'y fût pas et que nous risquerions en y allant d'être enlevés par les troupes de Saint-

Cloud, qui poussaient des reconnaissances fort
au delà du pont. Sébastiani écrivit alors au
prince une lettre en notre nom, que nous
signâmes tous et qui renfermait notre message.
Un jeune homme de la maison s'offrit à le
porter et à nous rendre réponse au bout de
deux heures chez M. Laffitte, qui était toujours
notre président et chez lequel on était convenu
de se réunir le soir. Le duc d'Orléans nous fit
dire qu'il reviendrait le lendemain dans la matinée. « Ce n'est pas demain, répondit M. Laffitte,
impatienté, c'est à l'instant même qu'il faut
venir, il n'y a pas un moment à perdre. » Le
messager repartit.

Les députés se trouvaient, en effet, en proie
à un nouvel accès de découragement. Dominés
par les impressions les plus contraires, dix fois
dans le cours de cette journée ils avaient
changé de résolution. Enfin, à bout de volonté,
ils s'étaient laissé entraîner à une demande
décisive, ouverte, qu'ils avaient sanctionnée de
leur signature. M. Laffitte et les autres amis du
duc d'Orléans les aurait-il trompés ? Ce prince
refuserait-il de répondre à leur appel ? Se
seraient-ils compromis en vain ? En ce moment,
le bruit se répand que des meubles sortent du
Palais-Royal ; on parle à voix basse de démé-

nagement clandestin. La peur s'empare des esprits : bientôt chacun se tait, puis s'esquive ; l'hôtel, comme la veille, devient désert, et M. Laffitte, vers onze heures du jour, n'a plus auprès de lui que Benjamin Constant. « Eh bien, demande le président au seul interlocuteur qui lui reste, que deviendrons-nous demain ? — Demain ! répondit celui-ci, avec l'insouciance d'un esprit fatigué, d'une nature usée par les passions et blasée sur toutes les émotions, demain, nous serons pendus ! »

Ce n'était pas la corde qui les attendait, mais les cordons, les honneurs, les traitements et la puissance politique. Toutefois, une dernière épreuve était réservée à ces révolutionnaires effarés : à Paris, on n'a rien, dans les jours troublés, tant qu'on n'a pas l'Hôtel de ville, cette cathédrale laïque où sont sacrés les princes et les chefs de l'émeute.

Le duc d'Orléans et M. Laffitte partageaient ce sentiment, et, pour tous deux, la lieutenance générale ne deviendrait un fait sérieux qu'après avoir été sanctionnée par les pouvoirs établis à l'Hôtel de ville, c'est-à-dire par M. de Lafayette, alors le vrai et le seul maître de la situation, puisqu'il commandait à la fois à tout ce qui portait une arme sur le pavé de Paris, et qu'il

avait sur la commission municipale une influence prépondérante. Ce citoyen, justement
célèbre, autant au moins par ses fautes que par
ses vertus, n'avait pas la moindre inclination
pour les Bourbons, même pour celui qui personnifiait la branche cadette ; il répétait souvent
que le gouvernement des États-Unis lui paraissait le meilleur de tous les gouvernements,
mais qu'il n'entendait imposer ses volontés à personne ; que la seule manière correcte et utile de
se tirer de la situation difficile où l'on se trouvait consistait à ne reconnaître un pouvoir
nouveau qu'après avoir expressément consulté
le peuple tout entier : c'était là une doctrine
sage, dont les événements postérieurs ont constaté la justesse et l'efficacité. En France, en
effet, sous quelque nom qu'il gouverne, le chef
du pouvoir exécutif doit être investi constitutionnellement d'une autorité qui lui permette
de remplir son rôle souverain d'arbitre et de
modérateur entre les partis divisés ; or, puisque
la tradition ne donne plus cette force, cette indispensable autorité, il faut la demander de nouveau à ce suffrage populaire qui d'ailleurs est
chez nous d'antique origine. Le général Lafayette
était donc dans la vraie voie, et il faut regretter
seulement qu'il ne se soit pas cru une puissance

suffisante pour imposer sa manière de voir, et aussi que ce personnage n'ait pas montré les mêmes sentiments, quand, quinze ans auparavant, il luttait avec énergie dans le but de détrôner l'empereur Napoléon, trois fois sacré aux yeux du peuple par les suffrages de tous, par son génie et par son malheur.

Le chef, obéi de toutes les masses en armes, se contenta de répondre aux envoyés du Palais-Royal : « Mon devoir est de me conformer à l'expression de la majorité ; cette majorité se prononce pour le duc d'Orléans, il peut donc venir en toute confiance à l'Hôtel de ville. Je dois cependant vous prévenir, ajouta-t-il en souriant, que je tirerai de la circonstance le meilleur parti possible pour la liberté. »

Cependant les députés et le nouveau chef d'État sont réunis au Palais-Royal ; ils partent pour saluer l'insurrection triomphante. Le cortège n'avait rien d'auguste : un tambour ouvrait la marche, quatre huissiers de la Chambre suivaient ; derrière eux s'avançait le duc d'Orléans à cheval, ayant auprès de lui un aide de camp, M. de Berthois, et quelques officiers de l'ancienne garde nationale. M. Laffitte, assis dans une chaise à porteurs, venait ensuite, précédant les membres de la Chambre des députés marchant confusément et fort difficilement au milieu des rues encore tout embarrassées de leur attirail révolutionnaire ; ensemble, ils étaient au nombre de quatre-vingt-dix à cent personnes. Au sortir du Palais-Royal tout marcha bien, on criait avec entrain *Vive la Charte! Vive la Chambre! Vive le duc d'Orléans!* mais à mesure qu'on s'engageait sur les quais les dispositions de la foule devenaient beaucoup moins favorables ; au Pont-Neuf on saluait le prince qui s'évertuait à sourire et donnait des poignées de main à tous les passants, des cris peu rassurants de *Vive la liberté! A bas les Bourbons!* Un acteur dans cette promenade à la recherche d'un gouvernement nous raconte ses impressions pendant cette traversée périlleuse : « M. Laffitte, nous dit-il, n'était pas sans inquiétude. Des avis venus de différents côtés annonçaient que des tentatives seraient faites pour empêcher le duc d'Orléans d'arriver vivant à l'Hôtel de ville ; vingt jeunes gens des plus exaltés devaient, disait-on, se tenir embusqués dans une des petites et sombres rues qui débouchent sur le quai de la Ferraille, et de là faire feu sur lui. Ces rumeurs étaient évidemment exagérées ; chaque fois cependant que des cris de *Vive le duc d'Orléans!* se faisaient entendre, il se produisait une salve formidable de *Vive la liberté! Plus de Bourbons !* Dans ces moments, le président de la Chambre, pour encourager le prince, se hâtait de lui crier : « Eh bien, cela ne va pas trop mal. — Mais oui », répondait le duc en se retournant sur son cheval, et en suspendant les serrements de main qu'il prodiguait à tous les ouvriers placés sur son passage, avec une ardeur dont les membres de la Chambre se montraient surpris et blessés. Malgré ces avances et ces caresses, l'attitude de la foule et ses cris devenaient plus hostiles à mesure que le cortège approchait de l'Hôtel de ville ; la foule, sur la place et aux abords, était immense et presque toute armée ; d'une fenêtre, d'une porte, d'un groupe, un coup de feu pouvait être tiré. La situation était vraiment critique.

« Il était deux heures lorsque le duc parut à l'entrée de la place. Il s'avance avec courage. La pâleur qui recouvre son visage, ses traits altérés permettent de constater ses émotions ; mais sa démarche est ferme, et ses propos révèlent sa constante présence d'esprit. M. de Lafayette et la commission municipale attendaient le prince sur le seuil de leurs appartements ; le général, toujours courtois, l'introduisit dans le grand salon avec les plus grands égards.

Quand tout le cortège est entré, un député
prend des mains de M. Laffitte la déclaration
des Chambres et la lit ; le prince l'écoute et,
mettant sa main sur son cœur, il répond en
ces termes : « Je déplore, comme Français, le
« mal fait au pays et le sang qui a été versé ;
« comme prince, je suis heureux de contribuer
« au bonheur de la nation. »

Quoique cette phrase, absolument obscure,
n'eut aucune signification, quoiqu'elle ne permît
à personne de préjuger le sentiment du prince
sur les déclarations contenues dans l'Adresse
qu'on lui présentait, sur le titre de roi accepté
ou refusé par lui, la situation parlait à elle
seule plus haut que tous les discours ; aussi,
quand le général et le prince, chacun armé d'un
drapeau tricolore, parurent au balcon et s'em-
brassèrent, le peuple applaudit ; et c'était naturel, car il restait le maître de la situation.
Charles X avait combattu l'émeute avant d'y
céder, Louis-Philippe Ier la reconnaissait et la
caressait ; c'était un mauvais précédent dont ce
roi eut par la suite beaucoup à souffrir.

La physionomie et la moralité de cette révolution resteraient absolument obscures, si on
ajoutait foi aux récits erronnés qui avaient
cours à cette époque. Le roi et la cour furent

plus surpris que personne par les événements ;
Marmont ne sut le rôle que le roi lui réservait
que vingt-quatre heures après sa nomination, et
les troupes n'étaient pas en nombre suffisant. Il
est superflu d'ajouter, après ce que nous venons
de dire, que cette révolution surprit désagréa-
blement la bourgeoisie, qui dirigeait le Parlement par ses membres les plus influents. Quant
au peuple proprement dit, il était si peu préparé
au rôle qu'il joua le lendemain, que M. Thiers,
qui avait signé la protestation du *National* et
s'était ainsi engagé corps et bien dans le mouvement, répondait à des électeurs qui se plai-
gnaient de l'inaction générale dans un moment
aussi critique : *Que voulez-vous que nous fas-
sions ? le peuple ne se remue pas !* Les journalistes, les anciens carbonari, les chefs de la classe
moyenne étaient descendus dans la rue avant
lui.

Quant aux quelques 221 qui faisaient partie
du cortège, qui ne voulaient pas être pendus et qui ne le furent pas, on peut ima-
giner, en se rappelant leurs tergiversations
et leurs terreurs des jours derniers, les moments
fort durs qu'ils eurent à passer ; au surplus,
l'heure de la récompense allait sonner ; ils
n'avaient plus à redouter que les ennuis de ne

pas obtenir de récompenses proportionnées à la hauteur de *leur dévouement*.

Le futur roi pouvait, en effet, se tromper sur ce point, car il n'assistait pas à ces séances si fréquentes, où ces enthousiastes inattendus des trois couleurs, ces contempteurs non moins ardents que nouveaux de la légitimité, protestaient avec énergie de leur désir de rester dans la légalité, de leur amour pour le drapeau blanc et poussaient la religion de leur serment jusqu'à se sauver par toutes les issues, dès qu'une proposition révolutionnaire venait blesser leurs chastes oreilles, ou que quelque coup de feu de la rue leur donnait de justes craintes que la révolution ne fût victorieuse.

Ce sont ces héros, ces politiques convaincus, qui firent la royauté nouvelle, la consacrèrent par leurs votes et en recueillant les bénéfices.

Un grand nombre d'entre eux avaient renversé Napoléon et tous ceux que la mort épargna pendant dix-huit ans se réunirent en 1848 pour *remettre dans le droit chemin* le roi de leur choix. La plupart des acteurs de cette triple tragédie n'existaient plus en 1870, mais ils avaient fait des élèves dociles à leurs leçons, aussi impolitiques, et aussi imprévoyants que leurs maîtres.

Une telle persistance dans l'erreur, une telle pusillanimité dans la lutte, une telle facilité chez des conservateurs par naissance et par intérêt à déchaîner l'émeute sans jamais croire à la révolution ; de tels vices chez de tels hommes, qui individuellement et dans d'autres circonstances s'étaient montrés intelligents et courageux, ne pouvaient s'expliquer que par des causes générales ; nous essayerons de les faire connaître à la fin de cette étude.

III

LE PARLEMENT DE 1848

Il est né le 1er août 1846, M. Guizot étant
ministre.

Les débuts du gouvernement de 1830 avaient
été extrêmement laborieux et troublés : les
émeutes se succédaient sans interruption et
le roi avait échappé maintes fois aux tentatives
des assassins; il semblait que la fatalité de son
origine le poursuivît sans relâche; enfin et peu
à peu, la France avait imposé ses volontés
toujours conservatrices à sa capitale toujours
révolutionnaire, et à l'époque où naquit le
Parlement de 1848, l'habileté du prince, le

talent du chef de son cabinet (M. Guizot), la fermeté et le sens politique de son ministre de l'intérieur (M. Duchâtel), et le temps aidant, avaient lassé les efforts des partis hostiles : les républicains aussi bien que les légitimistes paraissaient avoir renoncé à la lutte sur le principe même du gouvernement et se bornaient à le diriger dans la voie de leurs respectives théories, indistinctement appelées libérales, quoiqu'elles fussent fort diverses ; on était arrivé à ce point, désirable pour tout établissement politique sérieux, où l'on ne compte plus, parmi les hommes qui détiennent le pouvoir et ceux qui l'ambitionnent, que des wighs et des tories.

Le centre gauche et la gauche constitutionnelle s'étaient réunis et avaient rédigé, en vue des élections prochaines, une sorte de manifeste-programme. La préoccupation évidente de tous ces honorables s'étalait d'une manière assez naïve, dans leur circulaire : « la question pour chaque électeur, disait-on, n'est pas de choisir celui qu'il préfère, mais bien, en nommant un homme indépendant, à quelque nuance de l'opinion qu'il appartienne, d'empêcher le succès du candidat ministériel ; » quant à des vues nouvelles, à des principes opposés à d'autres

principes, il n'y en n'avait trace ; en revanche,
et comme dans tous les documents rédigés par
l'opposition, il n'était pas d'injures que le gouvernement ne méritât, mais les doctrines de
cette opposition restaient inconnues et si jamais
elle arrivait au pouvoir, il faudrait d'abord
résoudre le problème assez difficile de savoir
en quoi elle se différenciait du ministère qu'elle
entendait remplacer.

Il convient de remarquer que, dans aucune
des circulaires des futurs députés, on n'avait
songé à élever drapeau contre drapeau, et à
contester la légitimité de l'établissement politique de 1830 ; c'était une opposition universellement et rigoureusement dynastique.

Les conservateurs, de leur côté, n'étaient point
restés inactifs et, conduits sur le champ de
bataille par M. Duchâtel, ils avaient remporté
une éclatante victoire ; les opposants, comme
leurs adversaires, avaient perdu dans la mêlée
un nombre à peu près égal de partisans (57
pour les uns et 55 pour les autres) ; mais les conservateurs avaient gagné 82 sièges, tandis que
l'opposition n'en avait obtenu que 28 : aussi,
lors des premières opérations de la Chambre, et
à l'occasion de la nomination du président, on
peut constater la victoire et la défaite de chacun

des combattants : M. Sauzet, conservateur, obtint 223 voix sur 339 votants tandis que M. O. Barrot, opposant, n'en réunissait que 98.

L'élévation du taux de la rente française, l'éclat de notre industrie, de grands travaux publics partout entrepris, le travail fécond de nos paysans, tout se réunissait pour faire illusion sur la solidité, toujours problématique, d'un gouvernement parlementaire; comment croire à une chute possible, à une chute prochaine? Et puisque tout le monde officiel se réunisssait pour désirer la continuation de l'ordre de choses établi, d'où pouvait venir le danger?

Il ne vint pas en effet des ennemis du gouvernement mais d'une partie de ses amis impatients, impolitiques et maladroits : c'est l'opposition dynastique qui prépara, comme de coutume, sans le savoir et sans le vouloir, la révolution qui devait l'emporter. Sur les 450 députés qui furent élus le 1er août 1846, il n'en est peut-être pas plus de trois à quatre qui n'aient donné la preuve la plus saisissante de leur bonne foi et de leur erreur, en combattant avec acharnement cette république de 1848, dont ils n'eussent pas manqué de profiter si elle avait figuré, même obscurément, dans leur programme.

Il y a quelque chose de profondément triste et d'instructif à la fois dans ces discours de politesse échangés entre le roi et la Chambre nouvellement constituée. Ce n'était pas un *Discours du Trône* proprement dit, ce n'était pas non plus une *Adresse* discutée et votée, comme au premier jour de l'année, c'étaient en réalité des souhaits de bienvenue et des remerciements, mais ils témoignaient tous deux de sentiments si dévoués, si amicaux, d'une croyance si ferme dans l'éternité de ce règne bourgeois, qu'on est saisi de pitié en songeant que la catastrophe était si prochaine, et d'une véritable indignation patriotique contre les malheureux qui allaient sottement déchaîner sur le pays une nouvelle révolution. Il est vrai qu'ils se repentirent et avouèrent tous publiquement leurs fautes, et mieux encore qu'ils montrèrent un courage et une intelligence vraiment hors ligne, à se défendre et à nous défendre contre les effets de l'orage qu'ils avaient déchaînés. Mais ce ne sont là que des circonstances atténuantes ; ils furent coupables, et coupables ils restèrent dans l'histoire, car, en politique, la bonne foi et l'envie de bien faire ne sont pas des excuses.

« J'éprouve une vive satisfaction, disait le roi, à vous voir avec tant d'empressement réunis autour de moi... Aujourd'hui j'ai seulement à cœur que vous receviez l'expression de mon dévouement entier, inaltérable, à notre patrie, et de ma confiance dans vos sentiments pour moi et pour ma famille. J'ai appris dès ma jeunesse à aimer et à servir la France. Appelé au trône par son vœu et pour le salut de ses libertés, j'ai consacré ma vie au maintien régulier de ses institutions et au développement pacifique de sa prospérité et de sa grandeur. Il n'y a point d'épreuve que je n'accepte et que je ne sache supporter pour attendre un but si cher à mon cœur.

« La providence permettra, j'espère, qu'avec le concours des Chambres et l'assentiment national, le succès soit assuré à cette œuvre patriotique. Mes enfants et les vôtres en recueilleront les fruits, et si la France, libre et heureuse, garde de nos communs efforts un souvenir affectueux, nous en aurons reçu, vous et moi, messieurs, la plus belle et la plus douce récompense. »

Cette note paternelle et attendrie, dans la bouche d'un vieillard que de nouveaux assassins venaient essayer de fermer pour jamais, provoqua les plus chaleureuses manifestations, dont l'écho se retrouva dans la réponse officielle des députés. « Sire, disaient les députés, la Chambre s'est rendue avec empressement à l'appel de Votre Majesté. Le vœu de la Charte devait s'accomplir et nous avions tous à cœur de déposer devant le trône constitutionnel notre respect et nos serments... Sire, la providence vous protège, elle prolongera le règne qu'a fondé le vœu national pour le salut de nos lois et de nos libertés. Vos enfants et les nôtres recueilleront le prix de nos communs efforts, et, comme suprême récompense, votre nom vivra béni et respecté dans le souvenir de la patrie. »

Hélas! que d'illusions de part et d'autre, et que d'erreurs aussi! Le *vœu national*, comment fut-il jamais constaté? Ces *libertés reconquises*, qui donc avait songé à les détruire? Ce n'était assurément ni Charles X ni M. de Polignac, qui ne cherchaient qu'à sauvegarder leur juste et nécessaire prérogative contre des opposants qui ne voulaient que des portefeuilles. Les *ordonnances* furent une défense et non une attaque.

Ces dynastiques étaient furieux alors, parce qu'ils n'occupaient pas le ministère ; la rage du pouvoir les saisit, à dix-huit ans d'intervalle, et, pour prendre la place de Guizot, ils frappèrent lenr prince, qui consentait cependant avec une bonne grâce, dont ses amis l'ont étrangement remercié, à se tenir dans les limites étroites assignées à sa puissance par le régime parlementaire ; leur prince, dont les goûts, les vertus, la finesse et l'esprit d'économie représentaient avec une sorte de perfection la bourgeoisie couronnée.

LA RÉFORME

Nous avons dit que jamais, depuis 1830, la France n'avait donné au ministère une majorité aussi considérable que celle de 1846.

C'était là l'effort salutaire du pays ; l'effort contraire du Parlement tendit à désagréger peu à peu ce faisceau de forces politiques, et sous le nom de *tiers parti, de conservateurs indépendants*, dont les chefs avoués étaient MM. Billaut et Dufaure, une fraction assez importante de la majorité inquiéta le ministère, qui, non sans raison, se méfiait plus de ces amis peu sûrs que de ses ennemis déclarés.

La discussion de l'Adresse révéla l'éloquence de bien des orateurs, et M. Thiers y traita, comme on sait, la fameuse question des *mariages espagnols*. Toutefois, cet illustre orateur était le successeur si naturellement désigné de M. Guizot que cette situation intéressée ôtait un peu de poids à ses arguments ; il fut sérieusement agressif sans jamais cesser d'être courtois et commença par ce discours retentissant cette campagne décisive qui devait amener pour la France et pour lui-même de si amers résultats.

L'Adresse fut néanmoins votée à une majorité écrasante ; mais les plus graves difficultés n'étaient pas nées.

La proposition de M. Duvergier de Haurame sur la réforme électorale, celle de M. de Rémusat sur les incapacités allaient naître ou plutôt renaître : elles échouèrent, il est vrai, pendant cette session, mais elles ameutèrent imprudemment autour d'elles toutes les forces de l'opposition parlementaire et extra-parlementaire, et vinrent à bout du ministère, mais en même temps de la royauté.

Cette réforme électorale avait été déjà deux fois soumise aux délibérations de la Chambre des députés sous le ministère du 29 octobre. M. Ducos avait pris l'initiative avant cette époque, en 1842, d'une proposition relative à l'adjonction des capacités sur les listes électorales, et en 1845, M. Crémieux la reprit, mais sans succès.

Le projet nouveau, dû à M. Duvergier de Hauranne, avait été précédé d'une brochure fort éloquente à la vérité, mais où l'on malmenait d'une manière bien imprudente le régime parlementaire objet des plus vives affections de l'auteur, et où l'on commentait avec complaisance toutes les misères qu'il avait déchaînées sur le pays : l'isolement de la France au milieu de l'Europe ; une apathie morale en présence des situations les plus graves, des tendances universelles à l'égoïsme des intérêts, une corruption politique sans exemple, et l'asservissement du pouvoir parlementaire au pouvoir royal. Pour remédier à de pareils abus, l'honorable publiciste recommandait l'augmentation des incompatibilités, l'abaissement du cens électoral à cent francs, l'élévation à quatre cents du nombre minimum d'électeurs nécessaire pour constituer un collège, et l'introduction à la Chambre de cent députés de plus.

Il était hors de doute que l'auteur du projet et ses amis succéderaient au ministère Guizot si la proposition triomphait ; aussi l'ardeur à la défendre fut-elle égale à l'ardeur qu'on mit à la repousser.

La discussion, qui commença le 23 mars, s'engageait sous de mauvais auspices, pour les

ministériels : les conservateurs indépendants
avaient pu porter au fauteuil de la présidence
M. Léon de Malleville, et, circonstance plus
grave encore, avaient obtenu la lecture de la
proposition. De l'autre côté, il est vrai, il fallait
lutter contre une éventualité redoutable : la certitude que la Chambre n'aurait plus qu'à se dissoudre si le projet passait, et cette perspective,
pour une députation qui venait d'être élue,
n'avait rien d'attrayant ; on peut même affirmer,
sans aucune preuve matérielle à l'appui, que ce
sentiment un peu égoïste détermina le rejet de
la réforme.

Notre but et le cadre où nous voulons nous
renfermer n'exigent aucunement que nous
prenions parti entre les belligérants. La réforme
pouvait être aussi désirable qu'opportune sans
que ses défenseurs cessassent de mériter les
très graves reproches que l'histoire est en droit
de leur adresser ; c'était à eux de mesurer avec
plus d'exactitude la somme d'opposition qu'ils
pouvaient faire à leur régime politique de pre-
dilection, sans courir le risque de le renverser ;
c'était à eux d'abandonner momentanément une
thèse qui, triomphante, leur donnait le pouvoir,
mais qui, poussée avec trop de vigueur, devait leur coûter le trône. Si l'on ajoute enfin

que la majorité légale du pays s'opposait à leurs vœux, on sera forcé d'avouer qu'ils furent sans excuse. Mais il convient d'ajouter qu'étant donné le régime parlementaire, cette réforme était assurément la plus détestable des mesures que l'imagination d'un fervent dynastique ait pu rêver. Le principal reproche fait de tout temps, et avec juste raison, au système électoral qui n'admet qu'un nombre restreint d'électeurs, c'est la *corruption*. Que M. Guizot et M. Duchâtel aient voulu substituer à ce vilain mot un mot plus poli ; que, dans leur bouche, les honteux marchés qui interviennent parfois entre le candidat et l'électeur dussent s'appeler seulement *des abus d'influence*, la chose n'est pas de conséquence ; car le fait incriminé par les uns, atténué par les autres, était avoué : or quel devait être l'inévitable résultat d'un abaissement du cens électoral, si ce n'est la corruption devenue plus facile et s'exerçant sur un plus grand nombre d'électeurs ? le souverain qui acquitte cent francs d'impôts n'est pas dans une condition sociale différente du souverain qui en paye deux cents, la moralité ne s'élèvant pas avec la diminution de la fortune ; on peut donc affirmer que, la réforme admise, la surface sur laquelle aurait pu s'exercer *les abus d'influence* aurait été trois ou quatre fois plus étendue.

Sans doute, quand le suffrage devient universel et, selon M. Guizot, devient par cela même absurde, la corruption est extrèmement difficile, par cette excellente raison qu'il n'y a pas de candidat assez riche pour corrompre dix mille électeurs, et que, si connu qu'on le suppose dans son arrondissement, il ne saurait entrer dans les fort délicates négociations de cette nature avec des milliers de gens qu'il n'a jamais vus. Le paysan ne serait pas sans doute d'un abord plus farouche que l'électeur censitaire, quoiqu'il échappe à certaines tentations par son défaut absolu d'ambition personnelle ; mais le plus qu'on puisse faire, pour capter son suffrage, c'est de mettre à sa disposition quelques verres de vin qu'il accepte en souriant des mains de l'opposant comme de celles du conservateur se réservant, ainsi que l'expérience l'a mainte fois démontré, d'agir au moment du vote avec une complète liberté. M. Guizot et M. Duchâtel, quoiqu'ils en aient dit, savaient fort bien que la corruption n'a de limites qu'à cette extrémité du cens électoral, mais ils comprenaient en même temps que le suffrage universel a d'autres appétits que le restreint, qu'il pèserait d'un poids énorme dans la politique générale du pays, qu'il revendiquerait nécessairement un jour ou l'autre le choix du chef de l'État, et il leur paraissait bien évident à tous deux que ce choix ne se porterait pas sur le prince, fort intelligent d'ailleurs, qu'ils servaient de leur mieux ; on conçoit, sans insister, l'effroi que leur causait une pareille perspective.

Si l'on peut donc, sur ce point, leur supposer une clairvoyance dont ils étaient décidés à ne point faire usage, il faut avouer, quel que fût leur mérite, qu'ils ne parurent pas comprendre le mot de *capacité politique*, dont ils firent un aussi fréquent usage dans la discussion : à leur point de vue cette capacité réside dans un certain état de fortune qui suppose à la fois une instruction suffisante pour comprendre et juger les faits politiques, et une situation sociale, qui met en garde contre les revendications violentes ou captieuses de ceux qui ne possèdent rien.

En France, au moins, cette thèse est absolument contraire à la vérité. Le paysan, en effet est propriétaire, et le goût, l'ardeur qu'il montre à acquérir, à garder, à augmenter son champ, en font un conservateur bien autrement sérieux et constant que le petit bourgeois, prenable par bien des côtés de vanité ou d'ambition; quant à l'intelligence d'une question politique, elle est aussi obscure chez l'un que chez l'autre : mais ils savent tous deux s'ils ont du goût à voter pour le candidat de l'opposition ou pour celui du pouvoir, et cette science est la seule qui soit utile, la seule que par tout pays ou demande à un électeur.

L'erreur capitale de la doctrine de M. Guizot fut donc de rechercher le conservateur là où il ne se trouve que fort accidentellement, chez l'électeur urbain, chez le bourgeois qui est ou devient fatalement révolutionnaire par imprévoyance ou par ambition et non chez le paysan inclinant partout à la conservation et qui en France, à cause du morcellement extrême de la propriété, est la base nécessaire de tout gouvernement. Mais au moins les doctrinaires ne voulaient pas laisser entamer, démolir, cette base déjà trop étroite ! se rappelant combien ils avaient eu de peine en mille circonstances à contenir dans le devoir ces députés et ces électeurs censitaires, ils ne commettaient pas la faute d'en souhaiter de plus turbulents, ou de plus brouillons. L'électeur à cent francs était une innovation dangereuse; mais que dire des *capacités*, cette réforme nouvelle si mal étudiée à gauche comme à droite du Parlement et sollicitée plus spécialement par M. de Rémusat?

Ces *capacités nues*, c'est-à-dire conférant le droit au vote, sans être accompagnées d'aucune fortune personnelle, seraient, si on en faisait jamais l'essai, un engin de destruction incomparable. Dans toutes les sociétés, c'est l'élément le plus remuant, le plus inquiet, le plus ambitieux, souvent le plus violent que l'on connaisse; l'écart que l'on remarque entre la fortune et la science de ces quarts de savants, ou même de ces savants complets, est, d'une manière générale, une cause de mauvaise humeur constante contre la société et ne permet pas d'espérer de ce côté un concours utile pour la défendre.

L'entraînement vers ces fâcheuses réformes électorales avait, il est vrai, gagné beaucoup de bons esprits, soucieux de mettre un terme à ces *abus d'influences*, mais se trompant gravement sur la portée du remède qui leur était présenté : M. le comte de Montalembert lui-même résuma ainsi la session qui s'achevait; à ses yeux elle n'avait été qu'un long avortement ; le ministère avait commencé avec une majorité triomphante, mais dès le premier jour cette majorité s'était divisée. De là, la nécessité de combattre pour le pouvoir et l'oubli des affaires du pays. Des réformes promises, aucune n'avait été abordée ; le grand mot de la session, mot déjà célèbre, était : *Rien, rien, rien!*

Mais aux yeux de l'honorable pair de France, le grand mal était surtout dans l'ordre moral, dans la corruption, dans l'abus des influences. Il y avait quelque chose de déplorable à voir l'envahissement des considérations électorales dans toutes les branches de l'administration : pour toutes les places, pour toutes les carrières, même celles de l'armée et de la magistrature, tout se faisait, tout se demandait, tout se conférait en vue des élections. N'était-il pas temps de secouer le double joug qui asservissait les députés aux ministres, et les ministres aux députés ? « Je dis au ministère : Entrez résolument dans la voie de la réforme, vous y succomberez peut-être comme sir Robert Peel, mais en dotant votre pays de larges progrès, en faisant à vos successeurs la nécessité de les féconder et en vous ménageant un retour triomphant aux affaires, c'est là une glorieuse mission digne de tous ceux qui représentent la révolution de Juillet, à laquelle nous devons deux grandes choses : l'ordre et la paix. »

En mettant de côté l'erreur manifeste de l'orateur, qui croyait sincèrement consolider le trône de Juillet en lui créant un nombre considérable d'adversaires ou d'ennemis par la diminution du cens électoral, n'est-il pas instructif de relever dans ce discours ces accusations trop fondées faites à tous les régimes parlementaires français, de confier le pouvoir tout entier aux membres de la députation dont l'influence déborde chaque jour davantage sur l'administration proprement dite, et finit par s'en emparer complètement : *rien ne se fait plus que par les députés?* C'était vrai alors, comme aujourd'hui, puisque le souverain siège encore à la Chambre et non sur le trône.

Entre les deux sessions l'opposition ne resta pas inactive et résolut de porter devant le pays la question qui avait passionné la Chambre. Il n'est point douteux qu'il fût légal de se réunir dans des banquets, d'y causer politique au dessert, et de montrer au pouvoir, par le nombre la qualité et l'éloquence des convives, que la réforme électorale comptait beaucoup de partisans; mais il était arrivé que tous les électeurs conviés n'étaient pas également animés du désir de *remettre le pouvoir dans le droit chemin* et n'avaient pour but avoué que *son renversement;* les républicains se faisant humbles au début se faufilaient dans les rangs de ces dynastiques imprudents, et l'on put signaler parmi les convives d'un même banquet des notabilités très significatives du parti le plus ouvertement hostile au gouvernement.

Les parlementaires se trouvaient donc encore une fois sur la pente où ils avaient glissé en 1830 et la plus élémentaire sagesse aurait dû leur conseiller de s'abstenir et d'enrayer un mouvement qui menaçait si visiblement de leur échapper ; l'émotion de la lutte, l'espérance de gagner de vitesse des concurrents qui dissimulaient leur puissance à force de courtoisie et d'humilité, le prix enfin de la victoire, ce ministère si envié, faisaient oublier toute prudence et parfois même toute convenance ; enivrés, comme leurs devanciers les 221, par les flatteries intéressées du parti radical, ils continuèrent gaiement leurs repas et leurs chansons et ne pensèrent à quitter la table que lorsqu'elle fut renversée.

Les fiançailles des légitimistes bourgeois et des adversaires de la légitimité avaient eu lieu, dix-sept ans auparavant *Aux Vendanges de Bourgogne* ; ce fut au *Château rouge* qu'on célébra les noces des parlementaires dynastiques avec les républicains. Le 9 juillet, on vit s'asseoir à la même table douze cents électeurs de Paris.

M. Duvergier de Hauranne était naturellement le héros de la fête ; mais on remarqua à ses côtés MM. Recurt et Pagnerre.

Le 18 juillet, à Mâcon, un député illustre entre tous ses collègues, non peut-être autant par ses discours politiques que par ses aimables et touchantes poésies, ne laissa à personne le soin de le compromettre, il se compromit lui-même dans les proportions qui plaisent aux poètes égarés dans la politique. Le thème de son discours fut le suffrage universel et la liberté illimitée de la presse.

A Lille, le 7 novembre, les choses allèrent si loin, que M. O. Barrot, plusieurs de ses collègues et bon nombre de conseillers généraux durent se retirer ; M. Ledru-Rollin seul resta. L'exemple, parti comme toujours de Paris, fut amplement suivi en province où l'on ne compta pas moins de soixante-dix banquets.

Les futurs 221 se réjouirent beaucoup de l'agitation *féconde* qu'ils avaient provoquée ; ils s'en allaient répétant partout, que l'ordre n'avait pas été troublé un seul instant et que l'on calomniait ce pays en le supposant incapable de supporter *les mœurs de la liberté.*

Il y a des gens, qui ne savent pas que le désordre des esprits précède toujours celui de

la rue, et qui ne prévoient les révolution s qu'en
se heurtant aux barricades.

LA DISCUSSION DE L'ADRESSE

L'année politique s'ouvrit par le discours du
roi adressé aux pairs et aux députés. Une phrase
significative se détachait en relief de ce morceau
oratoire, que son auteur s'attache d'ordinaire
à rendre banal.

« Au milieu de l'agitation, disait le prince,
que fomentent des passions *ennemies ou
aveugles,* une conviction m'anime et me soutient, c'est que nous possédons dans la monarchie constitutionnelle, dans l'union des grands
pouvoirs de l'État, les moyens assurés de surmonter ces obstacles et de satisfaire à tous les
intérêts moraux et matériels de notre chère
patrie. »

Il était écrit, sans doute, que toutes les péripéties de la lutte de juillet 1830 se retrouveraient
en février 1848. D'un côté, des opposants qui
veulent renverser un ministère et ne craignent
pas de s'associer pour cette besogne avec les
pires ennemis du régime qu'ils ont juré de servir; des opposants qui organisent des banquets

— le nom du cabaret était seul changé — où s'asseoient pêle-mêle les conspirateurs sans le savoir et les conspirateurs résolus : de l'autre côté, un pouvoir injurié, traqué, cherchant à se défendre contre ces émeutes morales, pour n'avoir pas à sévir contre les violences de la rue, relevant le gant qu'on lui jette à la figure, se plaignant hautement des *passions ennemies ou aveugles* — Charles X avait dit *passions coupables*, — et se préparant bravement à l'assaut que Paris, soulevé par l'opposition bourgeoise, allait lui donner.

Jusqu'à la dernière heure du drame, la ressemblance fut complète. C'est le même journal, le *National*, qui, aux deux dates différentes escroqua aux dynastiques les bénéfices de leur révolution. Ce fut le même homme d'État, M. Thiers, qui entendait dans les deux cas être l'heureux bénéficiaire du mouvement.

On se doute bien que la phrase finale du Discours du Trône fit jeter les hauts cris à l'opposition ; se défendre est ce qu'elle pardonne le moins au gouvernement, et en jetant un coup d'œil dans les journaux de cette époque, on peut avoir un avant-goût des passions qui allaient être déchaînées dans la discussion de l'Adresse. M. Guizot, disait-on, n'avait pas craint

de mettre dans la bouche du chef de l'État
une accusation et une insulte pour une partie
considérable de la Chambre. Cent députés, peut-
être, avaient assisté aux banquets réformistes;
un grand nombre avait pris la parole dans
ces manifestations; et on qualifiait les uns
d'*ennemis*, les autres de *complices aveugles!*
N'était-ce pas transformer le monarque en chef
de parti, jetant des paroles violentes aux adversaires de ses ministres, et le mêler aux agita-
tions de la politique quotidienne? Était-ce là
respecter les vrais principes du régime repré-
sentatif et les convenances constitutionnelles?
C'était partager la Chambre en deux camps : les
ministériels, seuls et derniers défenseurs de la
royauté et de la Charte, et l'opposition devenue
l'ennemie inintelligente ou aveugle de la charte
et de la royauté.

Assurément c'était une prétention singulière
de l'opposition que de rappeler ses adversaires
aux convenances parlementaires; mais les journaux ministériels n'étaient pas en reste d'aménités et d'arguments : ne pas parler, disaient-
ils, des banquets réformistes après les scandales
et les provocations de tous genres qui avaient
eu lieu depuis quatre mois eût été une lâcheté.
Se taire sur ce qui avait le plus occupé l'esprit

public dans l'intervalle des deux sessions, eût
été une dérision. La Charte, le Trône avaient été
insultés dans les banquets. Qui aurait pu le
nier? Fallait-il donc accepter une situation semblable en silence? n'était-il donc pas vrai que,
pour complaire aux opinions ultra-radicales,
l'opposition dynastique avait consenti à sup-
primer dans les banquets le toast au roi? Le
socialisme n'avait-il pas, dans le banquet de
Castres, communié avec l'opposition que repré-
sentait M. Léon de Malleville? N'avait-on pas
entendu lancer de nombreux anathèmes contre
les riches, contre la bourgeoisie? N'avait-on
pas applaudi à Montpellier M. Garnier-Pagès,
donnant aux sanglantes orgies de la commune
le nom de *nécessités douloureuses* qui devaient
sauver le pays? N'avait-on pas répété hautement que c'était *à recommencer*. Puisse la
France, avait-on ajouté, refaire sous le *drapeau
de la réforme ce qu'elle avait manqué en* 1830?
Quels noms donner aux passions qui avaient
inspiré de semblables discours?

L'opposition avait choisi et préparé le terrain de la lutte.

On tonna naturellement contre la corruption
électorale, ce qui était fort légitime, car, par
tout pays où le nombre des électeurs est res-

treint, la corruption est inévitable ; mais on entendait faire croire que le seul corrupteur était
le gouvernement et il était sous-entendu que
les pièces de cent sous distribuées par l'opposition n'avaient jamais été déposées que dans les
mains les plus vertueuses.

Après un discours de M. Ducos qui dépassait
en personnalités violentes tout ce qu'on avait entendu jusque-là dans le Parlement, et, charmé
d'une préface où le ministère avait été injurié et
amoindri, on entama la discussion de l'Adresse :
M. Thiers se chargea du paragraphe financier,
et, en l'écoutant, ses auditeurs ignorants (il y
en avait dans le nombre) durent croire que
nous touchions à la banqueroute ; en tout cas,
il y était bien pour quelque chose, lui qui avait
dépensé en 1840 la somme alors énorme de
400 millions pour se préparer à une guerre qui
ne devait pas aboutir ; mais ce qui est probable,
c'est que cet homme d'État ne croyait pas plus
alors à la banqueroute que dans les dernières
années de l'Empire où il refit le même discours.
terminé par la même désolante conclusion : à
ces deux époques il avait un but où le souci de
nos finances n'était assurément pas prépondérant : « Vous croyez tout terminer, concluait
l'orateur, en disant : nous avons notre ressource

contre un événement ; nous sommes le ministère de la paix ! Vous disposez donc des événements ? Ah ! si vous en disposez depuis une année, vous êtes bien coupables ! Vous avez pu vous appeler le ministère de la paix ; mais depuis les mariages espagnols, vous n'êtes plus le ministère de la paix.

« La crise a commencé le jour où vous avez abandonné la vieille politique de ce gouvernement qui vous rapprochait de la puissance avec laquelle on pouvait agir sur le monde ; le jour où, pour une cause qui n'était ni nationale ni vraiment politique, vous vous êtes séparés de cette puissance, ce jour-là vous n'avez plus été le ministère de la paix ; vous ne l'êtes plus : vous vous appelez complaisamment le ministère de la prospérité publique ; l'état de nos finances vous répond !... Je quitte cette tribune profondément alarmé ! »

M. Dumon n'eut pas de peine à faire justice des exagérations évidentes et nombreuses de ce discours ; mais son argumentation serrée, qui fit assurément de l'effet sur le Parlement, n'en fit pas en France, où l'on ne lit que les discours de l'opposition ; il fut convenu, malgré l'évidente prospérité du pays, que nous courrions à la banqueroute qui heureusement, et malgré les

fâcheuses prédictions des coureurs de portefeuilles, n'est pas encore venue.

Les ambitieux que le régime parlemetaire fait
naître de tous côtés, car il met le pouvoir à la
portée de toutes les mains, sont naturellement
les défenseurs de la moralité publique outragée
jusqu'à ce que, ministres à leur tour, ils cherchent à se débarrasser de la meute enragée qui
les poursuit en les accusant d'outrager cette
même moralité dont ils étaient naguère les
champions. M. Devience répondit, d'une manière à la fois forte et spirituelle, à ces vertueux
qui n'ambitionnaient que d'être dans le cas et
dans la place où l'on vous dénie toute vertu :

« On parle beaucoup, disait-il, de l'influence
du pouvoir ; mais, dans les pays libres, la
grande influence est celle de l'opposition ; c'est
l'opposition qui rédige l'ordre du jour de l'opinion publique. Le pouvoir est l'armée assiégée,
qui est condamnée au courage le plus difficile,
le courage sur place, et qui, par la seule force
des choses voit incessamment diminuer ses ressources. L'opposition, au contraire, est l'armée
en campagne se ravitaillant de toutes les plaintes,
se recrutant de toutes les passions et allant au
combat avec l'entrain de soldats qui marchent à
la conquête.... Voilà, messieurs, l'énorme force

dont vous disposez, et vous dites que les mœurs sont corrompues ! Est-ce donc, par hasard, qu'on ne lit pas vos livres ? Est-ce donc, par hasard, qu'on ne se nourrit pas de vos journaux ? Est-ce donc par hasard qu'on n'écoute pas votre parole de préférence à la nôtre ? Si les mœurs sont corrompues, c'est donc vous qui êtes coupables ! Est-ce donc nous qui publions tous les jours ces écrits où la religion est traitée de vieux préjugé, où les lois de la famille sont méconnues, où la propriété est traitée d'abus, où l'on habille l'histoire au gré de l'imagination, où l'on tresse des couronnes de chêne pour les têtes les plus abhorrées, où l'on fait revivre, au profit des passions populaires, cette maxime tant blâmée dans d'autres temps, que la fin justifie les moyens ! »

Ce tableau si vrai de l'opposition parlementaire, en France, ne fut que médiocrement goûté, et les injures, les personnalités, se croisant dans l'enceinte législative, firent ressembler cette demeure respectable à une taverne de bas étage. Après le repas du soir, un député (M. Janvier) essayait vainement de rappeler à l'ordre cette variété de fauves sur lesquels l'approche du pouvoir agit à la manière de la viande saignante. Il ne s'expliquait pas que des

hommes modérés, prévoyants, qui disent l'être
au moins, se fissent les auxiliaires d'une tactique
sauvage et révolutionnaire. Il rappelait que
dans nos premières assemblées politiques, ses
inventeurs en étaient, à leur tour, devenus les
victimes. Ce triste retour de la calomnie politique aurait dû en dégoûter tous les partis. Dans
un pays de libre discussion, ajoutait en terminant M. Janvier, je ne connais pas de symptômes
plus effrayants que l'habitude prise à la tribune
de parler la langue de l'injure et de la haine.

Ces exhortations sensées ne parvinrent pas à
ramener la calme dans l'assemblée et quand on
arriva à la phrase devenue célèbre où la Couronne parlait de *passions ennemies* ou aveugles,
la tempête éclata. Au début on avait discuté la
question de droit. M. O. Barrot et M. Duchâtel,
avaient fait valoir avec une grande animation
et un luxe de citations les arguments contradictoires que l'on pouvait tirer de la loi de 1790.

A gauche on prétendait que le droit de péti-
tion, la loi électorale, la Charte elle-même ne
pouvaient être subordonnées au bon plaisir de la
police ; il suffirait, si l'on écoutait le ministère, de
prétexter qu'on n'était pas suffisamment certain
du maintien du bon ordre, ou qu'on suspecte
les doctrines qui pourront se produire dans une

assemblée pour interdire un banquet, un compte
rendu électoral ; et voilà comment on entendait
la liberté constitutionnelle ! A droite, on répondait qu'on avait usé d'une extrême tolérance ;
que plus de soixante banquets avaient eu lieu,
qu'il fallait bien se rendre à l'évidence devant
des faits révélant les inconvenances, les véritables délits prêchés par la presse, et pour tout
dire en un mot, l'agitation formidable qu'on
avait réussi à produire dans le pays au détriment de tous ceux qui prétendent vivre de leur
travail.

« Au surplus, disait encore le ministre, il
n'est point de gouvernement possible avec une
pareille thèse, et le devoir qui lui incombe
expressément d'assurer le bon ordre ne pourrait
jamais être rempli ; les administrations précédentes, celles de 1835, celles de 1840, que dirigeait l'honorable M. Thiers, n'avaient-elles pas
sévi dans des circonstances absolument semblables ? Les circulaires, signées par lui, étaient-
elles autrement rédigées que les nôtres ? Non ;
toute cette agitation est factice, elle est réprou-
vée par l'immense majorité des représentants
légaux du pays, qui ne trouve pas opportun de
s'occuper en ce moment de réforme électorale.
Que si on veut passer outre et *sortir de l'action*

et de l'agitation parlementaire, on trouvera le ministre résolu à *faire son devoir*. »

Cette attitude virile irrite l'opposition, les propos les plus malsonnants s'échangent. *Polignac et Peyronnet n'ont jamais fait pis que vous! Il ne fallait pas s'arrêter devant un ukase de la police, il fallait se préparer à un acte éclatant de résistance légale!* En réalité, et tout le monde le comprit, l'opposition donnait rendez-vous au ministère dans la rue pour y vider leur querelle.

Un honorable député avait, pendant la discussion, réparti de la manière suivante le rôle de chaque fraction de l'opposition dans cette campagne :

« M. Duvergier de Hauranne, disait-il, organisait les banquets ; M. Thiers n'y assistait pas, M. Ledru-Rollin les envahissait et M. O. Barrot y était calomnié. »

Cette répartition répondait d'une manière fort spirituelle et très exacte à la réalité des choses : c'était en effet, M. Duvergier de Hauranne qui, dans sa célèbre et éloquente brochure, avait patronné la réforme électorale, c'est lui encore qui en poursuivait la réalisation avec l'ardeur et la passion d'un esprit aussi convaincu qu'imprévoyant : M. Thiers, plus perspicace, retenu au rivage par sa grandeur, peut-être aussi par le souvenir de ses circulaires, entendait bien ne pas se fourvoyer avec les *bousingots* qu'il avait si bien combattus quelques années auparavant et se tenir à une place où il lui fût possible de succéder à M. Guizot. Il avait payé sa dette à ses amis de la gauche en mettant tout son talent à discréditer le ministère, mais il ne lui vint jamais à l'esprit de reprendre sa plume de jeune homme pour rédiger dans le *National* un nouvel appel à l'insurrection. En 1830, après avoir contribué à renverser le gouvernement, il avait profité de ses efforts révolutionnaires : en 1848, il en fut pour ses frais, mais il se rattrappa en 1870, et non seulement conseilla le gouvernement nouveau, mais devint lui-même chef d'État. Quel plus saisissant exemple pourrait-on proposer aux jeunes générations politiques, et quelle carrière en France que celle de l'opposition quand le régime parlementaire fonctionne.

Les banquets, disait-on, étaient envahis par M. Ledru-Rollin ; il y avait du vrai et de l'inexact dans cette assertion ; les amis de l'honorable député cherchaient en effet, mais discrètement, à profiter de l'agitation qu'ils comprenaient bien n'être faite qu'à leur profit, mais

le futur tribun était ignoré et s'ignorait encore lui-même à cette époque.

Quant à l'honnête et toujours honnête
O. Barrot, il était de bonne foi dans son opposition toute dynastique, et, quand il crut voir
que le mouvement dépassait le but qu'il lui
avait assigné, il s'abstint : de là les calomnies,
dont on parlait, et qu'en effet, les radicaux ne
lui ménageaient pas.

LE BANQUET RÉFORMISTE DU XIIe ARRONDISSEMENT

Le banquet parisien avait été résolu, comme
nous l'avons dit, par l'opposition ; les commissaires en avertirent la population dans les termes
suivants :

« La commission du banquet réformiste du
XIIe arrondissement, forte des marques de
sympathie qui lui ont été données, forte aussi
de la polémique soulevée dans les journaux en
réponse à la prétention illégale de M. le ministre de l'intérieur, déclare persister dans sa
résolution : elle indiquera prochainement le
jour de cette manifestation, qui n'a été retardée que sur la demande de plusieurs députés

retenus à la Chambre par la discussion de l'Adresse. »

La rue était donc conviée officiellement à donner son opinion, ou pour parler sérieusement, à peser sur les décisions du gouvernement.

Le lendemain tous les journaux de l'opposition, *le Constitutionnel*, *le Siècle*, *le Courrier Français*, *la Commune*, *le National*, insérèrent un long document émanant des députés favorables à la réforme et dont le but évident était de réchauffer le zèle de leurs partisans, et la conclusion, une véritable déclaration de guerre à la Couronne.

Une réunion de plus de cent députés, disaient ces journaux, appartenant aux diverses fractions de l'opposition, a eu lieu ce matin pour décider en commun quelle ligne de conduite il convient de suivre après le vote du dernier paragraphe de l'Adresse. L'Adresse, telle qu'elle a été votée, constituait de la part de la majorité une violation flagrante, audacieuse, des droits de la minorité. L'opposition se devait à elle-même de combattre incessamment la politique contre-révolutionnaire du Gouvernement. Une commission a été nommée pour s'entendre avec les commissaires du banquet, et cette décision a été prise, sans préjudice des appels que, sous d'autres formes, les députés de l'opposition se réservent d'adresser au corps électoral et à l'opinion publique. L'opposition affirmait que le cabinet avait dénaturé le véritable caractère de l'Adresse. En conséquence elle avait résolu, à l'unanimité, qu'aucun de ses membres, même ceux que le sort désignerait pour faire partie de la grande députation, ne participerait à la présentation de l'Adresse.

Ce document, qui se terminait par une inconvenance envers le roi, était bien pauvre en arguments et brillait surtout par cette naïveté affirmée avec conviction, à savoir : que la majorité a le devoir de céder à la minorité sous peine de violer les droits de cette dernière ! Les conservateurs avaient trouvé cette réforme électorale fâcheuse dans ses résultats inévitables, inopportune au moment où la Chambre nouvelle commençait seulement à siéger; elle désirait en outre conserver un ministère qui paraissait défendre avec talent et autorité ses intérêts. Mais tous leurs vœux devaient céder aux vœux de leurs collègues de la minorité ! et c'est là ce qu'ils appelaient la sincérité du régime parlementaire !

Cependant ces prédications avaient produit sur les esprits d'une bourgeoisie, toujours facile à surexciter, leur effet accoutumé : les gardes nationaux commençaient à se demander de quel sabre ils se serviraient le 22 (jour de la date du banquet); serait-ce celui qui est destiné à défendre le gouvernement, ou bien cet autre, bien plus affilé et bien plus souvent employé qui a pour but de l'attaquer?

Des professeurs célèbres du collège de France, MM. Michelet, Edgar Quinet et Mickiewicz n'avaient pas tardé à emboiter le pas des députés, et leurs élèves, naturellement émerveillés de voir d'aussi illustres personnages leur conseiller à mots couverts la révolte, s'étaient empressés de suivre des voies toujours séduisantes pour des étudiants parisiens : répandus dans les rues, ils allaient en troupes, aux bureaux de tous les journaux de l'opposition, y faisaient ce qu'on appelle des démonstrations *pacifiques*, jusqu'au jour qui précède les *émeutes*, et recevaient parfois un accueil assez dédaigneux de la part de certains chefs de la démocratie radicale. M. Flocon les avait appelés *de jeunes fils de famille*, ce qui dans sa bouche était évidemment méprisant, et les avait engagés à se tenir prêts pour *les luttes prochaines*.

Il n'était point douteux, en effet, même pour les esprits les moins clairvoyants, que le personnel de la révolution parisienne, qui est fort discipliné et ne bouge que sur l'ordre formel de ses chefs, allait être réquisitionné par eux. La bourgeoisie ignorante, confiante et naïve comme toujours, guidée d'ailleurs par ses députés, laissait se préparer la bataille, heureuse et souriante à la pensée d'avoir enfin un ministère *libéral* et d'être débarrassée de cet *éternel Guizot*. Les chefs de l'émeute, à Paris se sont toujours montrés fort intelligents du but que l'état présent des esprits leur permettait d'atteindre : quand il s'agit de venir à bout de la forme de gouvernement le plus conservateur que nous connaissions, en France, c'est-à-dire de l'empire, les révolutionnaires ne demandent que le régime constitutionnel, comme en 1815 ; quand ils l'ont ou croient l'avoir, ils stipulent en faveur du gouvernement parlementaire, comme en 1830 ; ont-ils obtenu ce dernier, leur drapeau devient républicain, comme en 1848 ; alors, ayant passé en revue et détruit toutes les formes politiques connues, ils lancent leurs masses inconscientes et prêtes au pillage contre la société elle-même ; c'est à ce moment alors qu'on voit affichés sur les murs le communisme, le socialisme, le droit au travail, l'impôt sur les riches, l'impiété officielle, et tout le vocabulaire de mots sonores et creux à l'aide desquels on dupe la multitude qu'une inévitable réaction fusille ensuite, comme en 1848 et en 1871.

A la date fixée pour le banquet, les républicains avisés étaient déjà sûrs de leur succès, mais ils n'étaient pas eux-mêmes sans craintes sur les menées *du parti ouvrier* qui fut en effet assez fort pour imposer quelques-uns de ses hommes et bon nombre de ses théories au gouvernement provisoire qui allait bientôt sortir triomphant des troubles de la rue. Cependant l'aspect seul de Paris, pendant les quelques jours qui précédèrent le banquet, ne permettant plus de doutes sur la gravité des événements qui se préparaient, les députés de l'opposition, tous dynastiques, deux ou trois exceptés, cherchèrent timidement à se retirer de la bagarre ; le gouvernement, de son côté, ne demandait pas mieux que de venir en aide à ces amateurs de ministères pris au piège de la révolution, et il fut convenu de part et d'autre qu'on nommerait des ambassadeurs, pour s'entendre : MM. Barrot et Duvergier de Hauranne d'un côté, MM. de Morny et Vitet de l'autre, se réunirent avec les pleins pouvoirs de leurs commettants et décidèrent d'un commun accord que le banquet aurait lieu, mais pour la forme seulement; qu'un commissaire de police se présenterait, dissoudrait la réunion, et que le point de droit, à savoir la légalité du banquet, serait vidé d'une manière pacifique par les juges compétents.

C'était parfait, à condition que les convives discrets du début, les républicains et les socialistes, se contentassent de cette solution qui les excluait absolument du partage des bénéfices de l'entreprise commune : la résignation n'est pas dans leurs habitudes, et s'ils admettent volontiers une dupe dans les marchés qu'ils passent avec la bourgeoisie, ils n'entendent pas que ce soit eux. Aussi dès que les bruits d'arrangements et de conciliation leur vinrent aux oreilles, ils prirent résolument à leur compte le mouvement commencé par leurs alliés, et, à leurs risques et périls, se résolurent à le poursuivre jusqu'à ce qu'il eût produit ses fruits naturels, c'est-à-dire le renversement du pouvoir établi.

Le 24, au matin, *le National* et *la Réforme*, — un journal républicain et un journal socialiste, — sous le prétexte transparent de mettre de l'ordre dans la manifestation du lendemain, publièrent un programme fort détaillé de la *fête révolutionnaire* et assignèrent à chacun la place et le rôle qu'il devait jouer. S'emparant de l'acquiescement toujours supposé des députés, ces journaux mettaient adroitement la manifestation sous l'égide et le patronage de gens considérables et fort considérés par la bourgeoisie. « Le ministère, ayant déclaré et soutenu à la tribune que la pratique du droit de réunion était soumis au bon plaisir de la police, des députés de l'opposition, des pairs de France, d'anciens députés, des membres du conseil général, des magistrats, des officiers, sous-officiers et soldats de la garde nationale, des membres du comité central des électeurs de l'opposition, des rédacteurs de journaux de Paris ont accepté l'invitation qui leur était faite de prendre part à la manifestation, afin de protester contre une prétention illégale et arbitraire. »

Comme on le voit, il n'était question dans ce document hardi autant qu'adroit, ni de république, ni de revendications sociales ; c'était une simple querelle qu'il s'agissait de vider entre bourgeois également attachés au trône. Et puis, comme dans une manifestation de ce genre on ne saurait tolérer ni confusion ni désordre, il

avait paru indispensable aux organisateurs
anonymes de prendre les dispositions suivantes :

La manifestation aura lieu dans le quartier de
la capitale où la largeur des rues et des places
permet à la population de s'agglomérer sans
qu'il en résulte d'encombrement. Les députés,
les pairs de France, et les autres personnes
invitées au banquet s'assembleront mardi prochain à onze heures, place de la Madeleine, n° 2.
Les souscripteurs du banquet qui font partie
de la garde nationale sont priés de se réunir
devant l'église de la Madeleine et de former deux
haies parallèles entre lesquelles se placeront
les invités. Le cortège aura à sa tête les officiers supérieurs de la garde nationale qui se
présenteront. Immédiatement après les invités
et les convives, se placera un rang d'officiers de
la garde nationale. Bien d'autres recommandations figuraient encore dans ce document, qui
affectait avec succès toutes les allures d'un document officiel ; il n'y manquait même pas les
recommandations d'usage, d'avoir à être calmes,
de ne pousser aucun cri, de se présenter sans
armes, de n'arborer aucun drapeau.

Il va sans dire que tous nos *libéraux* parisiens furent enchantés de ce petit manifeste,
qui savait si bien allier ce qu'ils appelaient la

revendication légitime d'un droit avec le souci de l'ordre public; le préfet de police, *le père Delessert*, comme l'appelait familièrement le gamin de Paris, n'aurait pas mieux fait.

Toutefois si la bourgeoisie se complaisait dans ses habituelles illusions, il n'était plus permis aux députés d'en garder : le mouvement leur échappait, et ils se résignèrent de fort mauvaise grâce à déclarer, le 22 au matin, qu'ils s'abstiendraient de paraître au banquet. Leur déclaration rappelait, ou plutôt apprenait au public, les arrangements qui étaient intervenus entre eux et le gouvernement, et, au lieu de venir en aide à ce dernier qui allait évidemment combattre pour eux et pour la dynastie qui leur était chère, ils cherchèrent à rejeter sur lui toute la responsabilité d'événements qui étaient leur ouvrage, et qu'ils n'avaient pas eu le courage d'arrêter,

« Dans cette situation, disaient les députés, les membres de l'opposition protégés par leur qualité de députés ne peuvent pas exposer les citoyens aux conséquences d'une lutte aussi funeste à l'ordre qu'à la liberté.

« L'opposition a donc pensé qu'elle devait s'abstenir et laisser au gouvernement toute la responsabilité de ses mesures. Elle engage tous les bons citoyens à suivre son exemple. En ajournant ainsi l'exercice d'un droit, l'opposition prend envers le pays l'engagement de faire prévaloir ce droit par toutes les voies constitutionnelles. Elle ne manquera pas à ce devoir, elle poursuivra avec persévérance et avec plus d'énergie que jamais la lutte qu'elle a entreprise contre une politique corruptrice, violente, et antinationale. »

Ce n'eût pas été de trop, pour venir à bout de l'aventure terrible où l'on s'était engagé que de porter toutes ses forces du côté du pouvoir visiblement menacé; il aurait fallu résolument faire volte-face, et se poser en défenseur décidé du Trône, contre les républicains; mais cette attitude virile leur était-elle possible? En toute sincérité, il faut répondre non. Comment en effet auraient-ils pu charger de chaînes ces mains qu'ils avaient tendrement pressées depuis trois mois dans tous les banquets? Ce n'est pas quand on est encore chaud des caresses et des accolades de ses compagnons de route qu'on est en bonne position pour les trahir et de les jeter en prison; il y a de certaines compromissions dont on ne se débarrasse jamais.

Si donc l'opposition ne fit pas son devoir, il faut ajouter qu'elle s'était mise dans la triste situation de ne pas pouvoir le faire. Il ne paraît pas d'ailleurs qu'elle eut le sentiment bien exact de ce que réclamaient d'elle les événements qui se déroulaient sous ses yeux. Il était difficile, sans doute, de prendre le seul parti qui eût pu conjurer la crise, mais il restait le silence, cette ressource des situations fausses : elle ne sut pas même le garder ; dans la proclamation du 22 elle injuriait le gouvernement, et dans la séance de la Chambre du 23, elle formulait contre lui une demande de mise en accusation. Autant aurait valu donner aux troupes, qui allaient combattre pour eux, l'ordre de mettre la crosse en l'air, ou les laisser sans cartouches.

Les journaux de cette époque racontent que M. Dufaure, passant devant les ministres au moment où cette demande était déposée sur le bureau, leur dit avec un accent énergique : « Si vous aviez laissé faire le banquet, c'est alors que vous auriez mérités d'être mis en accusation. »

LA RUE

Le 22 au matin, Paris avait l'aspect et l'animation d'un jour de fête, les boutiques étaient

fermées et un nombre considérable de curieux
se dirigeaient vers la place de la Madeleine.
Grande fut la désillusion de ces badauds, toujours friands de spectacles et grands donneurs
de leçons au pouvoir, quand ils apprirent que les
principaux acteurs manquaient à la représentation. Leur dépit s'alliant à la colère véritable des radicaux, qui craignaient de manquer
leur coup, échauffa les esprits, et c'est tout
d'une voix que l'on se mit à crier : *A bas Guizot !
Vive la réforme !*

Mais comme on se lasse de tout, même de
crier, il parut logique d'aller casser les vitres de
célui dont le nom provoquait tant de protestations. Le bourgeois ne jetait pas les pierres,
sans doute, cette gaminerie lui paraissant
indigne de son importance, mais il ne laissait
pas d'encourager les gamins, et chaque fois
qu'un coup adroitement lancé faisait un grand
dégât dans l'hôtel du boulevard des Capucines, il ne dédaignait pas d'encourager par ses
sourires ces jeunes descendants des vainqueurs
de la Bastille ; mais de même que l'appétit vient
en mangeant, de même aussi, après avoir brisé
les vitres, on aspire à défoncer les portes : on
se mit vaillamment à l'ouvrage, qui fut plus
rapidement fait qu'on ne l'avait imaginé. La

grande porte sembla céder d'elle-même et quand
elle fut grande ouverte, elle vomit sur les assistants tout un escadron de gardes municipaux à cheval, qui balaya en un instant le boulevard. Au début d'une révolution parisienne,
l'émeute se dérobe, elle ne tient nulle part ;
elle se compose presque exclusivement de
gamins, d'étudiants et de boutiquiers, qui vont
à la manifestation parce que c'est *amusant*. Ces
profonds politiques avaient d'ailleurs décidé
depuis quelques années que la France *s'ennuyait*, un peu de récréation était bien per mise.
Se sauvant, en criant et en riant, devant les
chevaux de la garde municipale, qui est de
toutes les fêtes parisiennes, et que les Parisiens
assassinent ou appellent à leurs secours avec un
égal empressement, selon qu'il s'agit d'une
émeute ou d'un feu d'artifice, ils se dirigèrent
tumultueusement vers la Chambre. Le pont de
la Concorde était naturellement gardé, mais il
l'était faiblement, si bien qu'une charrette
lancée au grand galop rompit la digue, et que
le pont fut envahi : une nouvelle charge de
cavalerie, le sabre au poing, eut bientôt raison
de ces amateurs trop passionnés de réforme
électorale.

Pendant qu'on *s'amusait* ainsi dans les beaux.

quartiers, le personnel de l'insurrection, lâché avec prudence dans les quartiers populeux, commençait sa besogne accoutumée, des barricades étaient ébauchées dans les petites rues qui vont des Halles à la porte Saint-Denis, quelques boutiques d'armuriers (celle de Lepage entre autres) avaient été pillées, et on avait incendié un poste isolé de municipaux à pied (celui de l'avenue Marigny). La nuit se passa tranquillement du côté des émeutiers à multiplier le nombre de leurs barricades, du côté du gouvernement, à répandre et à disposer habilement sur tous les points stratégiques de la capitale les troupes dont il pouvait disposer.

La garde nationale avait été convoquée, mais elle se montrait plus que tiède ; non point qu'elle ne fût capable de courage, elle en fit preuve d'une manière éclatante quelques mois plus tard aux affreuses journées de juin ; mais cette milice citoyenne était, il faut bien le dire, de tout cœur dans sa presque généralité avec le mouvement réformiste ; il lui semblait dur de prêter main forte aux ennemis de cette politique. On n'était plus en 1832 ou en 1834, alors que le gouvernement était résolument attaqué par les républicains ou les légitimistes ; en fé-

vrier la bourgeoisie, toujours fort myope, ne
voyait pas poindre la république, elle était persuadée de n'avoir affaire qu'à ce qu'elle appelait
l'entêtement incompréhensible de Guizot, et il
faut avouer qu'elle avait bien quelque excuse à
présenter de sa sotte conduite, puisque ses
guides naturels, ces députés de l'opposition dont
le métier était de connaître le fort et le faible de
la situation, n'avaient pas hésité à conseiller la
manifestation, et qu'ils ne l'auraient pas fait
s'ils l'avaient crue dangereuse. Au dernier moment, au jour, à l'heure même du rendez-vous,
ils avaient fait défaut. Pour quel motif? on
l'ignorait, mais ce qu'on savait, c'est qu'ils continuaient à être les ennemis acharnés du ministère et cette assurance était suffisante pour tenir
la garde nationale éloignée des amis et des défenseurs du gouvernement.

On put former cependant quelques compa-
gnies avec les zélés, obéissant à l'appel sans
raisonner, comme le font de vrais soldats ; mais
ils firent plus de mal par leur présence, qu'ils
n'en auraient fait par leur absence. Sur un certain nombre de points, les séditieux prirent
position derrière elle ; elle n'empêcha pas les
cris de *Vive la réforme!* et souvent même s'y
associa, notamment rue de Rivoli sous les

fenêtres mêmes du château. Sur la place des Petits-Pères elle se mit en mesure de résister ouvertement à la troupe.

Cependant le bruit se répandit, dans le milieu du jour, que le roi cédait : on avait appelé M. Molé, pour remplacer M. Guizot. Cette nouvelle était exacte, malheureusement exacte, car il n'y a pas d'exemple qu'on ait arrêté une émeute avec une concession, et notre histoire contemporaine est remplie, au contraire, de ces lamentables faiblesses d'un pouvoir qui s'abandonne, qui se déshonore, et qui périt. Mais, d'un autre coté, dira-t-on, pourquoi se battre ? Charles X n'avait-t-il pas en vain essayé la lutte ?

Faut-il donc arriver à cette désolante conclusion, que, assailli dans Paris, un pouvoir parlementaire quelconque, reposant sur quel parti que ce soit, populaire, aristocratique ou bourgeois, est destiné à périr ?

Hélas! oui, il faut arriver à cette conclusion!

Parce que Paris est un séjour détestable, et qu'on ne peut sans danger y laisser vivre le gouvernement tout entier; parce que, à supposer que la bourgeoisie, toute puissante dans cette capitale, ne dispose pas encore de tout le pouvoir dans le pays, elle arrive biéntôt à le prendre, et qu'alors elle gouverne à sa manière, petitement et raisonnablement, dans les jours calmes ; mais sans prévoyance et sans fermeté dans les jours difficiles. Livrée à sa première impression, incapable de mesurer l'effort d'opposition qu'elle peut se permettre, sans tendre jusqu'à les casser les ressorts de la machine politique, elles les casse, et se trouve un jour sur le pavé, en face de la troupe convoquée par le pouvoir. La lutte, dans ces conditions, est inégale, et ne peut tourner qu'à l'avantage de l'émeute. Les soldats, après quelques preuves d'obéissance données à leurs chefs, et les chefs eux-mêmes, ne tardent jamais à se lasser de l'affreuse besogne qui leur est commandée. Tuer ces bourgeois, hier glorieux de leurs triomphes parlementaires, dont les noms sont dans toutes les gazettes, dont les éloges se font dans tons les banquets, c'est absolument impossible ; se ruer contre la garde nationale, qui protège toujours les héros de la tribune, et lui envoyer des volées de mitraille, est également insensé. La troupe ne s'est battue réellement et avec entrain dans les rues de Paris qu'aux journées de juin et contre la Commune, parce qu'elle ne trouvait devant ses canons que la bohème ardente des grandes villes, menée au combat par les déclassés de la politique et de la littérature, parce qu'il ne s'agissait plus de gouvernement, et que tout se réduisait à une question de gendarmerie contre un brigandage social.

Si la lutte a duré quelques heures en 1830 autour du château des Tuileries, c'est qu'on avait affaire à une troupe de nationalité étrangère, à des Suisses, qui se battirent avec le courage que tout le monde leur reconnaît. Pendant que ces braves gens échangeaient des coups de fusil avec les combattants non moins ardents de l'insurrection placés à découvert sur le pont Royal, des soldats français, dégoûtés de cette guerre fratricide, rendaient les armes au gouvernement embryonnaire qui siégeait rue Laffitte.

Ce fut dans la suite un reproche bien souvent adressé à ce malheureux roi Louis-Philippe, de n'avoir pas plutôt confié au maréchal Bugeaud la défense de la couronne ; mais heureusement pour la mémoire de ce célèbre homme de guerre, M. Thiers et M. O. Barrot, succédant à M. Molé par l'effort naturel de la rue, décidèrent que le feu devait cesser ; l'émeute, dans la pensée un peu puérile de ces deux hommes d'État, n'ayant plus de raison d'être depuis qu'ils étaient appelés au pouvoir.

Les bourgeois libéraux partagèrent les illusions des ministres qui leur étaient chers et, dans la soirée, toutes leurs maisons furent illuminées en signe de joie et de victoire.

La victoire comme la joie devaient être de courte durée : ils avaient appelé le peuple dans la rue, ils avaient commencé une révolution, ce qui est toujours facile, restait à clore cette révolution et à chasser le peuple de la rue ; il ne pensait pas à mal, quand les bourgeois et les journalistes vinrent le déranger de son travail, mais puisqu'il avait prêté son appui, il entendait, ou pour mieux dire ses chefs entendaient ne l'avoir pas donné pour rien. Cependant ces masses que l'on s'imagine si indociles, et qui sont en réalité les plus disciplinables du monde, allaient céder aux exhortations de la garde nationale, et crier aux lampions pour célébrer la gloire du nouveau ministère ; les républicains virent le danger, et lancèrent sur la troupe qui entourait l'hôtel du boulevard des Capucines, une de ces bandes déguenillées, bonnes à tout faire, qu'il est toujours facile de rassembler à Paris. Quand elle fût assez rapprochée des soldats pour les gêner dans leurs mouvements, l'officier qui commandait donna l'ordre de croiser la baïonnette. Un coup de feu partit du rang des insurgés, blessa le cheval de l'officier, et alla tuer un de ses soldats. Les compagnons du mort ripostèrent, et une vingtaine de cadavres aussitôt ramassés et chargés sur des chariots requis d'avance, furent promenés par les rues de Paris. Les partisans de ce drame machiné à l'avance s'emparaient de torches et criaient d'une voix lugubre dans le silence de la nuit : *Aux armes! aux armes! on assassine nos frères!*

Le coup était fait! Paris se couvrit de barricades et la révolution reprit son cours; d'ailleurs, l'ordre avait été donné de suspendre le feu, et cette nouvelle rassurante pour les vainqueurs du jour, avait enflé l'audace des républicains. Au surplus, et quand même on eût été résolu à se défendre, il est très probable qu'il eût été impossible de le faire, les crosses se seraient mises d'elle-mêmes en l'air. En France, nous venons de le dire, les officiers sont bourgeois ; la vie de discipline les empêche heureusement de commettre les sottises quotidiennes que nous nous permettons, mais il est difficile de penser qu'ils n'épousent pas un peu nos erreurs, et que le besoin d'opposition qui nous égare leur soit tout à fait étranger. Leur enjoindre de tirer sur nous, c'est les mettre dans une horrible situation ; faire massacrer la bourgeoisie par le roi Louis-Philippe aurait d'ailleurs paru un crime hors nature, quelque chose comme un père égorgeant ses enfants. La royauté n'avait alors pour soutien que cette classe politique ; le peuple proprement dit était indifférent ; quant aux légitimistes, aux répulicains et aux bonapartistes, ils lui étaient tous absolument hostiles. Que serait-il donc resté à ce prince infortuné après son inutile victoire ? L'imagination se refuse à comprendre un pareil sacrifice ; il semble aussi impossible que Charles X tirant sur son aristocratie, Napoléon sur ses paysans, et la république sur ses ouvriers de la grande ville.

Si personne ne pouvait raisonnablement conseiller au roi de faire couler le sang de ses seuls partisans, il ne manqua pas de gens pour lui demander des sacrifices et des concessions nouvelles. Puisque le ministère *libéral* ne paraissait pas suffisant pour désarmer les défenseurs des barricades ; puisque l'ordre de faire cesser le feu, donné par les ministres nouveaux, ne semblait engager personne à la réciprocité, il ne restait plus que la déchéance. On la demanda et on l'obtint ; et on était sûr de l'obtenir, car, en la refusant, le roi devait commander le feu, donner ses pleins pouvoirs au maréchal Bugeaud et couvrir de sang la capitale, pour arriver fatalement à l'inévitable défaite. Le comte de Paris fut donc désigné par son grand-père pour être son sucesseur, et, comme le duc de Bordeaux, il attend encore un effet utile de cette tardive et inutile faiblesse. Il semble que ces contrats dictés par la violence soient nuls de plein droit.

Depuis vingt-quatre heures, la bourgeoisie était plus que satisfaite, elle était en quelque sorte rassasiée de *libéralisme* ; la déchéance du roi dépassait de beaucoup ses vœux, mais pour ne pas tout perdre, elle aurait dû entourer de ses baïonnettes dites *intelligentes* ce jeune prince et cette auguste princesse sa mère, qui venaient chercher dans l'enceinte du Palais-Bourbon, dans cette officine où l'on ne fabrique que de faux rois, dans cet amphithéâtre où l'on ne devrait jamais rencontrer que des législateurs, la consécration du droit et du vœu du roi. La souveraineté du Parlement n'est nullement une fiction, c'est là que les princes qui ne relèvent pas du peuple viennent se faire consacrer, c'est là aussi que l'émeute les renverse.

Le grand-père avait réussi, le petit-fils échoua.

La révolte contre le régime prétendu constitutionnel de Charles X devait aboutir, ainsi que nous l'avons dit, au régime parlementaire, tandis que la chute de ce dernier ne pouvait avoir pour conséquence que la république ; c'est dans la logique des abaissements successifs imposés à la France pour nos révolutions parisiennes.

L'AGONIE

Madame la duchesse d'Orléans était partie des Tuileries sans escorte, portant son fils dans ses bras, et à la Chambre, rien n'avait été prévu, rien n'avait été disposé pour donner à cette dernière et courageuse tentative une issue favorable.

La dignité, l'ordre, la tranquillité des délibérations n'avait été assurée par aucune mesure de prévoyance, il n'y avait aux portes du palais que des gardes nationaux sans consignes et sans munitions ; tout était livré au hasard et à la bonne volonté de l'émeute triomphante.

Au moment où la princesse se présenta à la grande porte de la Chambre, M. Dupin montait à la tribune pour annoncer l'abdication du roi.

De nombreuses acclamations accueillirent cette communication, et M. le président Sauret s'empressa de déclarer, au nom de la Chambre, que le comte de Paris était proclamé roi des Français, sous la régence de sa mère madame la duchesse d'Orléans. Mais on s'aperçut bien vite, à l'allure de l'Assemblée, qu'elle ne s'appartenait déjà plus. Des étrangers étaient assis à côté des députés, le service des tribunes n'était plus fait; entrait qui voulait; le tumulte et la confusion étaient partout. MM. Marie et de Lamartine se disputent la tribune; M. Emmanuel Arago, qui n'était pas député, s'écrie avec la voix que nous lui connaissons : *Il n'y a pas d'abdication, il y a déchéance, le peuple est souverain!*

Si les parlementaires avaient négligé, ce qu'on appelle en style de coulisse, de *faire leur salle,* les émeutiers n'avaient pas manqué à ce soin élémentaire; les acclamations révolutionnaires succèdent, en effet, au râle des dynastiques ; M. Sauret disparaît, madame la duchesse d'Orléans se retire, calme et hautaine, devant les fusils braqués sur elle ; le comte de Paris est sauvé par un huissier qui le soustrait aux empressements sinistres de la foule, en sautant avec son précieux fardeau par une fenêtre, donnant sur le jardin.

Dans un moment de quasi-tranquillité,
M. Marie demande la formation d'un gouvernement provisoire ; M. Crémieux approuve sa motion et fixe à cinq le nombre des membres de ce
gouvernement ; mais voilà M. de La Rochejacquelein qui se lève : « Vous n'êtes plus rien, dit-il
aux orateurs qui se pressent à la tribune, vous
n'êtes plus *une assemblée politique,* » et M. de
Genoude de confirmer le dire de son collègue
de la droite : *Messieurs,* crie-t-il au milieu de
l'ouragan, *vous ne pouvez rien sans le concours
du pays ; en 1830, vous n'avez pas consulté le
peuple, et voyez ce qui vous arrive. Ce sera la
même chose aujourd'hui.* Est-ce que par hasard,
riposta M. O. Barrot dont l'honnêteté était bles-
sée par ce langage révolutionnaire, *est-ce que
par hasard on voudrait revenir sur les grandes
questions décidées par la révolution de Juillet.
La régence de madame la duchesse d'Orléans, un
ministère choisi dans les opinions les plus éprou-
vées, et l'appel au pays, voilà mon opinion !*

L'appel au pays était de trop si l'on tenait à
conserver le gouvernement de Juillet : aussi à
la première éclaircie, M. Ledru-Rollin s'empare
de la concession et en tire sa conclusion logique : « Vous prétendez, dit-il, que ce gouvernement éphémère de Juillet existe ! *au nom du*

*droit de tous, je proteste contre cette usurpation
du droit du peuple. Le pays est tout ; on ne peut
rien faire sans lui. Je demande un gouvernement
provisoire et l'appel immédiat à une convention!*
Des hommes armés, envoyés et stylés par les
chefs républicains, s'étaient peu à peu introduits
dans ce qu'on est convenu d'appeler chez nous
le sanctuaire des lois, et y dictaient leurs volontés souveraines. Voyant que Lamartine essaye
en vain d'escalader la tribune, ils demandent
Lamartine, exigent Lamartine sur un ton qui ne
permet pas de réplique à ses concurrents, et ce
poète homme d'État, cet aristocrate de naissance et de talent, vient ternir à cette tribune
déjà souillée par l'émeute, l'éclat et la gloire de
son nom : *J'ai partagé*, dit-il, *aussi profondément
que qui que ce soit parmi vous le double sentiment qui a agité tout à l'heure cette enceinte, en
voyant un des spectacles les plus touchants que
puissent présenter les annales humaines : celui
d'une princesse auguste se défendant avec son
fils innocent et venant se jeter du milieu d'un
palais désert au milieu de la représentation
nationale du peuple....; mais je demande, du
droit de la paix publique, du droit de ce peuple
affamé par le glorieux travail qu'il accomplit
depuis trois jours, je demande qu'on institue*

un gouvernement provisoire....... (Les applaudissements des hommes armés éclatent.) *un
gouvernement qui ne préjuge rien, ni de nos
ressentiments ni de nos désirs, ni de nos colères actuelles sur la nature du gouvernement
qu'il plaira à la nation de se donner quand elle
aura été interrogée.*

Le bon sens public pardonne aux poètes les
plus grandes erreurs politiques, car il sait que
la politique n'est pas leur métier ; mais il leur
garde rancune quand ils manquent de cœur ; il
ne les comprend que grands et généreux. La
fin de la vie de Lamartine fut triste : il mou-
rut dans l'abandon et la solitude ; n'y eut-il pas
là comme une justice anticipée de Dieu !

Les républicains s'étaient glissés derrière
les chefs de l'opposition dynastique aux banquets réformistes et n'avaient pas tardé à se
rendre maîtres de la direction des esprits, dans
ces manifestations bourgeoises. Pour se défendre contre les premières atteintes de la
troupe, ils s'étaient blottis derrière la garde nationale toujours honnête et toujours simple ;
pour ne pas trop effrayer *le boutiquier*, — ce
sont leurs propres expressions, — ils avaient
imaginé de se servir d'un nom retentissant et
jusque-là non compromis dans l'opinion pu-

blique ; la visée était heureuse et le choix
bien fait : comme enseigne, on n'aurait pu trouver mieux : un poète, d'ailleurs, ça ne tire jamais
à conséquence ; on lui permet de tout dire,
sachant bien qu'on lui fera tout faire.

Le président n'occupait plus son siège ; la
Chambre était envahie par l'émeute. Lamartine,
qui est resté à la tribune, engage M. Dupont de
l'Eure à monter au fauteuil et dicte aux scru-
tateurs les noms des membres du gouvernement provisoire, sans oublier le sien (c'étaient
ceux de MM. Marie, Ledru-Rollin, Crémieux,
Dupont de l'Eure, Arago et Garnier-Pagès. Tous
les opposants dynastiques, à commencer par
MM. Thiers, Duvergier de Hauranne, O. Barrot,
étaient désignés pour remplacer le ministère
Guizot et former une majorité nouvelle. Ils
étaient tous aux banquets réformistes ; ils ne
furent rien, dans l'ordre de choses dont ces
banquets étaient l'inévitable conclusion.

Les héros de l'émeute coururent se faire consacrer, selon l'usage, à la maison municipale,
et la révolution de la veille fut finie, donnant
naissance à celle du lendemain : c'est là ce que,
dans le jargon libéral du jour, on appella *la victoire du peuple, le vœu de la France,* comme si
ce grand et malheureux pays était jamais con-

sulté! On avait bien promis cette consultation, mais les meneurs véritables du mouvement n'entendaient pas subordonner l'effort parisien à l'adhésion du pays, et faire casser par l'armée conservatrice de la France les décisions fantaisistes des faubourgs parisiens; aussi, le nouveau chef de l'État fut-il invité d'abord à modifier un peu son langage. Le lendemain, en effet, le gouvernement provisoire affichait dans les rues une proclamation qui débutait ainsi: « Citoyens, le gouvernement provisoire adopte et veut la forme démocratique et le gouvernement républicain, *sauf ratification du peuple réuni en assemblées primaires;* » puis, pour ne laisser de doutes à personne sur la signification de ce mouvement, un nombre respectable de républicains avérés étaient, sous des titres divers, attachés au gouvernement nouveau, MM. Cavaignac, Bastide, Guirard, Recurt, Marrast, Caussidière, Sobrier, etc., faisant leur apparition sur la scène politique officielle.

Toutefois, cette *ratification par le peuple* semblait encore une menace; Lamartine et le gouvernement ne tardèrent pas à obéir à la rue souveraine; ils décidèrent, avec une égale solennité, que *la royauté était abolie et la république définitivement établie;* quelques coups de crosse de fusil fort significatives obtinrent encore la *reconnaissance du droit au travail*. La *commune* et le *drapeau rouge* demandèrent naturellement leur tour de faveur. Lamartine mit enfin son véto et s'exposa fort courageusement pour repousser cette suprême injure au pays. Des esprits sceptiques ont prétendu qu'en ce moment il pensait plus à lui qu'à la France, car le drapeau rouge, accueilli, chassait le drapeau tricolore et tous ceux qui s'abritaient encore sous ses plis ; mais toute bonne action mérite sa récompense, et il ne convient pas à l'histoire de la marchander ; d'ailleurs, ce poète en goguette politique, ce Trochu civil, était d'une naïveté presque égale à son amour-propre, et rien ne prouve que la grandeur de la scène dramatique qui se déroulait à ses regards n'ait pas frappé cette imagination toujours en mouvement et ne lui ait dicté une strophe désintéressée.

En 1815, les alliés avaient juré de respecter l'indépendance du pays et de lui permettre de nommer son chef ; la Chambre bonapartiste avait donné dans le piège : le chef du pays ne fut pas élu.

En 1830, M. de Lafayette, qui était tout puissant, ne voulait admettre qu'un gouvernement issu du suffrage universel; et cependant le chef du pays ne fut pas élu.

En 1848, les républicains et un certain nombre de légitimistes expliquèrent la chute du régime précédent par l'absence du vote populaire; et cependant le chef du pays ne fut pas élu. A ces époques si diverses, traversées par des courants d'esprit fort contraires, il faut donc croire que tous les partis ont senti instinctivement la nécessité d'asseoir le gouvernement de la France sur les larges bases de l'assentiment commun.

L'empereur Alexandre, le prince de Bismarck, les parlementaires et les républicains, n'ont jamais osé rendre aux Français leur liberté la plus chère; les uns et les autres craignaient de voir surgir des entrailles du pays un nom redoutable pour leur politique. L'épreuve de décembre 1848, sans légitimer leur conduite, semble avoir justifié leurs craintes.

RÉFLEXIONS

Le parlementarisme pratiqué de 1830 à 1848 a donné la preuve la plus convaincante de l'in-

curable faiblesse de cette forme de gouvernement.

La Restauration était tombée, prétend-on,
pour avoir été ramenée par l'étranger. Sans
aucun doute, ce fut une sérieuse difficulté pour
ce gouvernement, et il n'est pas un légitimiste
instruit des affaires de cette époque qui puisse
le nier ; les efforts bien connus de M. de Vitrolles, cherchant en vain à obtenir une manifestation quelconque des débris du pouvoir
public en faveur de la Restauration, avant que
les étrangers ne fussent par trop clairement
maîtres de tout, ne laissent aucun doute à ce
sujet. La conduite véritablement absurde, — il
faut restreindre son indignation et se borner à
ce mot, — de l'Assemblée de 1815, qui amena
l'invasion, en se privant du concours du soldat
qui pouvait lui barrer le passage, en faisant une
révolution politique devant l'ennemi vainqueur,
en déléguant sa puissance et en confiant ses
plus chers intérêts à un personnage qui était
en relation connue avec les chefs militaires de
l'Angleterre et de la Prusse, la conduite de cette
Assemblée, et la terrible responsabilité qu'elle
encourt devant l'histoire, n'ont pas eu pour
effet de dégager le gouvernement qui lui succéda, car, dans les masses, le proverbe romain,

Is fecit cui prodest est toujours bien accueilli.

Il est donc possible de prétendre que le régime parlementaire et ses vices n'ont pas été la cause unique de la chute de la Restauration; nous comprenons cette prétention sans l'admettre complètement; mais comment tenir un langage pareil en ce qui concerne le règne pacifique, libéral, de ce prince habile, spirituel, qui s'appela Louis-Philippe Ier? Là, aucune complication étrangère; là, aucune pression de l'extérieur; le régime politique apparut dans toute sa pureté, à savoir, des dynastiques qui ont un goût un peu trop vif pour le pouvoir, et qui trouvant devant eux une majorité hostile à leurs vœux, la renversent, et la royauté avec elle. C'est plus correct, sans doute, que de se faire aider par les Prussiens, comme en 1815 et en 1871; mais, dans les deux cas, la cause et l'effet sont les mêmes : l'ambition au début, la révolution, avec ou sans invasion, au bout.

Notons encore un symptôme commun à tous les accès de fièvre politique : les révolutions suscitées périodiquement par nos chefs parlementaires ne furent jamais commencées par le peuple : on connaît dans l'histoire les noms illustres des hommes d'État qui, se mettant à la tête d'une réforme ardemment et longuement

désirée par le peuple, le guident, le contiennent et rendent ses efforts féconds. L'agitation française en 1789, l'agitation irlandaise
de nos jours existaient avant d'avoir trouvé
leurs héros ; mais aux quatre époques fatales de
notre histoire contemporaine, non seulement
les quarante millions de Français ne désiraient
pas les bouleversements et les révolutions que
Paris décrétait, — leurs votes toujours conservateurs aux élections en font foi, — mais il
est manifeste que la capitale elle-même hésita
longtemps avant de prendre part au mouvement; en 1815, les faubourgs de Paris étaient
ardemment conservateurs, et toute la diplomatie
de la classe moyenne révolutionnaire consista
à éviter tout contact entre Napoléon et le
peuple proprement dit. Ce dernier, livré à lui-
même et fidèle à sa mission historique, aurait
replacé la couronne sur la tête de son prince
Nous avons dit quel mal se donnèrent en 1830
les journalistes et les bourgeois en révolte,
pour amener dans la rue ces faubouriens que
M. Thiers déclarait endormis. En 1848, il n'a
pas moins fallu qu'un coup de feu perfidement
dirigé sur la troupe, que l'on voulait obliger à
faire des morts, pour soulever enfin le travailleur hostile à la rébellion ; et en 1870, la Ré-

publique était proclamée à l'Hôtel de ville qu'on n'en savait encore rien à la Bastille et au parc Monceaux.

Sans doute, on arrive et on arrivera toujours à soulever la multitude, parce que les grandes agglomérations d'hommes contiennent un certain nombre de bandits qui sont à la discrétion de ceux qui les payent ; mais il n'est pas moins intéressant de constater que les parlementaires commencent la révolution par leurs imprévoyantes attaques contre les pouvoirs établis, et descendent matériellement dans la rue avant le peuple de la grande ville.

IV

LE PARLEMENT DE 1870

LIBERTÉ ET AUTORITÉ

Le Parlement de février 1848 avait roulé
dans la république, et dès les premiers jours
de ce gouvernement troublé à l'intérieur et jugé
à l'extérieur avec une sévérité extrême et malheureusement trop légitime, on vit se dessiner
en France deux courants d'opinions contraires
et qui entrèrent immédiatement en lutte : le
courant *libéral* et le courant *autoritaire*.

Ces mots, avons-nous besoin de le répéter

une fois de plus ? ne représentent à aucun degré ce qu'ils signifiént dans le langage courant et non politique. Les *libéraux* estiment, en effet, que la liberté consiste dans la tyrannie au petit pied qu'ils exercent à leur profit exclusif, au moyen du suffrage censitaire, et les *autoritaires* consentent à se laisser affubler d'un nom qui jure absolument avec leur doctrine qui est le suffrage universel, requis par la nomination du chef de l'Etat et de tous les conseils élus, c'est-à-dire la main mise sur le gouvernement par la nation tout entière.

Or, c'est un principe qui n'est pas de mince conséquence que celui du suffrage de tous ; il inspire d'une manière très précise le gouvernement qu'il a choisi, et l'oblige à satisfaire les besoins généraux du pays. Le chef élu de la France a d'autres devoirs à remplir que le chef proclamé sur les barricades parisiennes, ou par quelques députés avec ou sans mandat.

Le premier est le représentant nécessaire des millions d'électeurs disséminés sur la surface du territoire : satisfaits des droits politiques et civils que leur a concédés le Code Napoléon, ils ne demandent jamais au pouvoir que l'ordre qui permet le travail, et s'en remettent à leur chef du soin de distinguer et de diriger les hommes

qui, à des degrés divers, seront associés à
l'exercice du pouvoir exécutif ; ils trouvent très
généralement dans cette délégation de leur souveraineté des garanties beaucoup plus sérieuses
que dans la toute-puissance exercée en apparence
par un roi sans couronne, et en réalité abandonnée à des députés ; les lumières et la bonne
volonté individuelles de ces honorables ne sauraient, sans doute, être contestées, mais réunis à l'état de groupe politique, ils sont dans
l'obligation étroite de se conformer aux exigences de leurs principes, et de rechercher
plutôt la satisfaction de leurs partisans et de
leurs mandants que celle du peuple entier.

Un député censitaire, par exemple, ne con-
sentira jamais à signer un traité de commerce
dont les tendances sont libre-échangistes. Un
député, sous le règne d'un chef élu par le suffrage universel, le signera des deux mains ; et,
ce faisant, ils seront tous deux dans leur rôle.
D'ailleurs, ces petits rois, qui, au nombre de
quelques centaines, ont la prétention de gouverner la France, n'ont pas seulement contre
eux leur origine, ils ne représentent pas que
des intérêts nécessairement exclusifs à raison
de la multiplicité de nos révolutions, ils sont
encore les porte-drapeaux de gouvernements

variés, et la chose publique n'a pas ainsi la seule malechance d'être servie par des gens qui n'en veulent avantager qu'une partie, elle doit encore subir les exigences contradictoires de ces représentants avoués et autorisés de gouvernements différents.

L'administration, dans de pareilles conditions, ne saurait avoir ni autorité ni esprit de suite. Quand le parlementarisme règne en France, c'est, en effet, un lieu commun de se plaindre de l'ingérence du député dans tous les détails de la politique ; on leur reproche de nommer les préfets, les sous-préfets et les maires, et de faire surtout ces nominations dans l'intérêt de leur élection, ce qui naturellement ne donne aucune garantie d'impartiale et digne administration dans le département ; le malheur, c'est qu'on oublie cette juste critique aussitôt que le régime qui la suscite a disparu.

Le chef élu est le représentant nécessaire de tous les instincts conservateurs du pays qui l'a nommé ; le chef improvisé sur le pavé de Paris est non moins nécessairement l'obligé et le serviteur de la révolution. L'un est sacré à Notre-Dame, l'autre à l'Hôtel de ville. Le premier ne représente vraiment que Paris, l'autre représente la France.

A travers les mille intrigues et les cent combats de la rue qui occupèrent les dix premiers mois de la République de 1848, il est facile de dégager les deux tendances que nous venons de signaler. Malgré leur chute lamentable, les censitaires tinrent tête à l'orage. Ils se groupèrent autour de leurs chefs, consentirent à une espèce de subordination qui est tout à fait en dehors de leurs habitudes, écrivirent de petits manuels destinés à éclairer le peuple, et, quand leur prose ne suffisait pas, se décidaient très crânement à descendre dans la rue et à lui inculquer leur manière de voir à coups de fusil. La bourgeoisie parisienne ne déploie réellement toutes ses facultés que lorsque son imprévoyance historique lui a fait perdre sa couronne et l'a réduite au rôle d'opposition pour lequel elle semble décidément faite.

La réforme électorale, la réforme parlementaire étaient tombées dans un grand discrédit, et cela était bien naturel, après le malheur qu'elles avaient eu de servir de préface à une révolution ; mais leurs partisans détestaient avec une grande énergie ce suffrage de tous, que M. Guizot qualifiait naguère d'absurde, et qu'ils trouvaient également insensé ; leur répulsion s'expliquait d'ailleurs très bien, un

chef élu devant représenter d'autres intérêts
que ceux dont ils avaient eu jusqu'alors la
charge et les profits. Les républicains, au contraire, ne fût-ce que pour avoir une politique
différente de celle des parlementaires et justifier ainsi, en quelques points, leur prise de
possession du pouvoir, devaient se montrer
plus enclins au suffrage universel, qui faisait
partie de leur bagage politique traditionnel. A
la faveur des profonds bouleversements dans
les choses et des remaniements complets du
personnel gouvernemental, ils espéraient d'ailleurs que la populace des grandes villes, leur
clientèle préférée et leur moyen d'action habituel, parviendrait à imposer ses préférences au
peuple proprement dit, à l'ensemble des Français qui vivent de travail et non de révolutions.

Pour toutes ces causes réunies, les républicains, aussi imprévoyants à leur tour que leurs
adversaires de la veille, se mirent à prêcher les
mérites du seul instrument politique qui pût
amener leur perte ; en demandant à la France,
à quelque moment que ce soit de son histoire,
si elle veut la république, il est certain, en effet,
qu'elle répondra en élisant un candidat mani-
festement monarchique.

Ainsi il arriva le 10 décembre 1848 : sur les cinq à six millions d'électeurs qui élevèrent à la présidence le prince Louis-Napoléon, il n'y en avait pas cependant cinquante qui le connussent personnellement, et, pour les autres, l'administration républicaine avait pris soin de le défigurer par des milliers d'écrits et de caricatures qu'elle envoyait par la poste jusqu'à la porte de l'électeur. Rien n'y fit ; la France était évidemment lasse de Paris ; elle fit choix d'un homme personnellement inconnu d'elle, mais porteur d'un grand nom, n'ayant d'ailleurs aucun doute sur la conduite inévitable qu'imposait à son élu, son élection même. Un prince, d'une autre famille souveraine, un citoyen illustre qui aurait reçu le même baptême, aurait tenu la même conduite qu'un Bonaparte. Un homme est le produit d'une situation ; il ne la crée pas, et si par impossible il vient à méconnaître cette vérité de tous les temps, il disparaît. Personne n'a tué la République romaine, personne n'a tué la première République française ; c'est, dans les deux cas, l'empire vainqueur et encore anonyme, qui a fait naître César et Napoléon.

Le *libéral* et l'*autoritaire* en étant venus aux mains, ce dernier l'emporta. Pendant près de quinze ans, la France fut gouvernée conformément à son génie, et le Français, calme, travailleur, économe, heureux de l'autorité du chef qu'il s'était donné et de la grandeur de son rôle dans le monde, fut délivré pour un court espace de temps de la tyrannie de son député. Alors, le paysan ne craignait pas celui qu'on appelait autrefois le seigneur, l'ouvrier ne redoutait pas son patron ; et à leur tour le patron comme le seigneur vivaient tranquilles, parce que le chef commun des Français serait sorti des limites de son mandat en favorisant une classe au détriment d'une autre : l'empereur força chacun à supporter son voisin ; lui seul, non à cause de son esprit qui était grand, non à cause de son cœur, qui était plus grand encore, mais à raison même de la Constitution politique dont il était le chef, lui seul pouvait tenir la balance égale entre les intérêts contraires ; il put être socialiste, sans inquiéter la richesse ; rendre à ce qui nous reste de noblesse, aux porteurs de titres anciens et nouveaux, une considération et un respect dont ils étaient privés depuis de bien longues années, et enfin permettre à la classe moyenne, providentiellement découronnée, de s'enrichir dans de telles proportions qu'elles n'eût plus qu'un souhait à

former, celui de reconquérir sa couronne. Elle
y travailla et y parvint.

PARIS

Notre capitale, qui est la forteresse politique
dont la bourgeoisie cherche toujours à s'emparer pour maîtriser la France, est merveilleu-
sement disposée, entre toutes les capitales du
monde, pour jouer ce rôle souverain.

D'un côté, notre centralisation accumule sur
ce petit coin de terre tous les ressorts de la
machine politique, et rend inévitable le désir de
mettre la main dessus ; de l'autre, les habitants
de cette grande ville ont un caractère particulier qui les livre sans défense à toutes les révolutions ; ils sont aimables, obligeants, chari-
tables mais légers ; instruits de toutes choses,
hormis de la politique, on les a toujours vus
capables de se dévouer périodiquement et avec
un incontestable courage à la défense des principes les plus opposés ; ils ont, suivant les
temps, des trésors de tendresse ou de haine
aussi bien pour la république que pour l'empire. C'est à Paris que Charles X, rentrant dans
son pays, a trouvé le plus d'enthousiasme ; c'est

de là aussi que sont partis les coups de fusil
dirigés contre son palais ; les Parisiens avaient,
sans doute, mal rejoint les pavés déchaussés
en 1830, afin de les trouver plus faciles à manœuvrer de nouveau en 1848.

La grande ville, si funeste à tous nos gouvernements, est cependant la plus choyée par
les étrangers, et ce n'est que justice, car il y
règne plus que partout ailleurs un veritable
souffle libéral, — et ici nous employons le mot
dans son vrai sens. — Il n'y a, en effet, aucune exagération à prétendre que c'est peut-
être le seul endroit du monde où la fortune
soit obligée de céder le pas aux talents, et l'indulgence sous ce rapport est poussée si loin que
la naissance et la richesse ne sont pas toujours
assurées d'y trouver la part d'influence qu'un
état social bien réglé doit leur reconnaître ;
un écrivain, un artiste, un orateur de quelque
renommée accapareront tous les regards, et
les femmes jouent dans ce concert d'admira-
tions une partie fort importante. C'est le para-
dis des gens de toutes conditions et de toutes
origines qui courent après la popularité et l'ont
conquise ; le dieu du jour, ce n'est pas le laborieux, c'est le tapageur ; le maître qui s'impose,
c'est l'homme en vue ; cette collection de brillantes

surfaces et de légèretés à la mode ne laissent guère espérer que, sous leur domination toujours acceptée, un gouvernement sérieux pourra vivre longtemps entouré du respect qu'il mérite et qui lui est nécessaire.

Pourquoi dans ce pays souverain de la mode, où tout change chaque année, le vêtement de nos femmes comme celui de nos soldats, la forme et le fond de nos livres d'imagination, le dessin de nos jardins et la façade des nouvelles maisons, où les règles en art ne sont tolérées qu'en raison du plaisir que l'on trouve à les renier et comme pour servir de cible aux critiques et aux railleries des *vraiment forts*, pourquoi, dans un tel pays, la règle politique serait-elle plus respectée que toute autre chose? Par quel miracle le gouvernement serait-il stable quand tout change incessamment autour de lui?

Paris est, par excellence, la ville du changement ; elle déteste ce qui dure par cela seul que ça dure, et si elle ne parvient pas à modifier, elle détruit. Ajoutons que nos gens légers sont également fort impressionnables ; les nerfs remplacent chez eux le jugement ; quand ils ont fredonné dix ans les chansons de Béranger et que l'établissement politique qu'ils ont acclamé menace de s'éterniser, ils s'arrangent pour tirer violemment la conclusion de leurs chansons favorites ; ils affirmeront vingt ans plus tard que la France s'ennuie et, Lamartine aidant, ils la secoueront de manière à chasser ses vapeurs. Ce sont toujours les *nerfs* de ces beaux messieurs qui précipitent le mouvement destructeur ; dans les cas graves qui exigent surtout du sang-froid, ils se mettent d'abord en fureur, crient contre les hommes et les choses et perdent la tête ; le reste s'ensuit. L'idéal de gouvernement pour nos Parisiens serait un pouvoir assez fort pour ne pas être troublé par leurs quolibets ou leurs menaces, et qui pût se moquer de leurs chansons aussi bien que de leurs émeutes ; ne croyez pas qu'alors ils voueraient une haine éternelle à un établissement aussi solide ; ils seraient plutôt heureux de pouvoir rire, chanter et sacrer à leur aise, sans courir le risque qu'on les prenne au sérieux. L'un des plus singuliers griefs qu'ils faisaient naguère à l'empereur Napoléon III en exil n'était-il pas d'avoir écouté leurs doléances et de leur avoir abandonné le gouvernement ? C'est notre métier de crier, disaient-ils ingénûment ; c'était le sien de nous résister.

La conclusion de ces quelques lignes, c'est

qu'on n'aura chance de garder en France un gouvernement quelconque que lorsqu'il aura sagement établi en province quelques-uns de ses rouages : toute machine bien réglée a ses pièces de rechange.

Mais ce n'est pas sur ce point que nous voulons retenir l'attention du lecteur ; quelques-uns d'entre eux se rappellent peut-être que nous l'avons traité d'une manière spéciale dans un gros livre qui a pour titre : *Paris le tyran ;* ce que nous discutons aujourd'hui, ce n'est pas la question du lieu où doit agir le gouvernement, mais celle de la forme du gouvernement lui-même. Nous avons déjà fait voir, sans passion, en dehors de tout esprit de parti, combien la bourgeoisie couronnée avait été au-dessous de sa tâche, à trois époques capitales de notre his-toire ; il nous reste à fournir une preuve nouvelle et douloureuse de son incapacité.

LES ÉLECTIONS PARISIENNES

Elle était donc *libérale* contre l'Empire de 1852, comme elle avait été *libérale* contre la Restauration, en exaltant les glorieux souvenirs de l'épopée impériale. Rien n'est capable d'assouvir sa passion d'opposition, pas même le fait de détenir le pouvoir ; dans ce dernier cas, qui pourrait paraître embarrassant à un esprit moins ingénieux que le sien, elle se sépare en deux parties fort distinctes : il y a le camp des heureux qui sont en place et celui des infortunés qui souhaitent d'être placés ; la bataille s'engage immédiatement entre eux et les épithètes les plus malsonnantes commencent à être échangées : à droite et selon les régimes, on compte des cafards, des ventrus, des janissaires ; à gauche, ce ne sont que des misérables sans religion, des ambitieux fanatiques ou des bousingots. Quand les injures sont devenues inoffensives par l'abus qu'on en a fait, on en vient aux coups, et comme la gauche est toujours plus compacte et plus écoutée à Paris que la droite, l'issue de la rencontre ne saurait être douteuse. Il arrive généralement, il est vrai, que dans l'ardeur du combat on démolit la maison que l'on voulait occuper et que, parfois, l'Anglais ou le Prussien y entrent et y font bombance ; mais, eu égard sans doute à la fréquence de ces catastrophes, le Parisien n'en paraît pas plus surpris que de raison, et après quelques moments de mauvaise humeur et la note payée, il s'informe du nouveau gouverne-

ment que les événements lui ont donné, pour
n'être pas dans le cas de perdre une minute de
l'opposition qu'il lui doit.

Après les grandes choses qu'avait accomplies l'empire nouveau, en présence de la majorité écrasante de députés conservateurs envoyés
par la province, avec un souverain si manifes-
tement acclamé par la France, renverser semblait au-dessus de ses forces ; mais rien n'est
impossible en ce genre dans un milieu tel que
Paris. On s'y prit d'abord adroitement; les chefs,
qui savaient ce qu'ils faisaient, se gardaient
bien d'avouer leurs projets, et la masse emboîta
le pas, en s'imaginant qu'il ne s'agissait que de
faire un *empire libéral*, soit, en deux mots, une
impossibilité absolue, car si le *libéral* devient le
souverain, l'empereur disparaît ; on n'a jamais
encore connu un régime politique possédant
deux maîtres à la fois.

Les demandes furent d'abord modestes et
courtoisement présentées ; sans doute, disait-
on, l'empire avait été une réparation, mais les
temps d'anarchie étaient bien loin, pourquoi ne
pas donner au pays un peu de cette liberté dont,
par sa sagesse, il se montrait si digne ? Quel
inconvénient pouvait-on voir, quels dangers
redouter à donner de l'air à ce Corps législatif

si dévoué et dont la majorité devait rassurer les plus timides ? Le gouvernement possédait des orateurs d'une telle supériorité qu'il y avait quelque ridicule à refuser le droit d'interpellation accordé à de pauvres députés de province, incapables de faire un mauvais usage de leur initiative et qui seraient vertement ramenés dans leur camp s'ils tentaient de s'émanciper. Il fallait aussi penser à ces traités de commerce qui étaient incontestablement de grandes mesures populaires, qui avaient eu, en outre, la bonne chance de ne pas être trop pénibles pour l'industrie et le commerce, considérablement enrichis depuis leur mise en vigueur ; mais enfin, il y avait dans le détail, — dans le détail seulement, — quelques ménagements à garder ; le patron ne devait pas être sans voix dans une question qui l'intéresse à un si haut degré, et où trouver une représentation plus intelligente et plus fidèle de ce patron que dans le Corps législatif, si injustement mis en suspicion?

Tout ce qui concerne l'armée avait été jusqu'alors remis entre les mains irresponsables du ministre de la guerre, et cependant, sans parler du droit que semble devoir garder tout pays civilisé sur les questions de paix et de guerre, n'était-il pas désirable d'accorder aux représentants du pays un droit de contrôle efficace sur les dépenses croissantes de ce ministère, alors qu'aucune complication extérieure ne paraissait les légitimer?

Au surplus, pour les finances publiques, considérées dans leur généralité, la Constitution impériale avait déclaré elle-même que le vote de l'impôt serait absolument réservé aux élus du pays. Comment concilier ce vœu de la Constitution avec le vote du budget par ministère ? Au-dessous de cette classification, il y a encore le vote par chapitres et le vote par articles. N'était-ce pas rentrer dans les vues si libérales de l'empereur que de solliciter la faculté de contrôler utilement l'administration, et comment le faire si l'on ne peut entrer dans les détails du budget ? Le ministre des finances doit être *doucement taquiné*, car il est si quotidiennement entraîné à la dépense, et pour les meilleurs motifs, qu'il faut dans son intérêt le mettre à même de pouvoir refuser son crédit et son argent.

On s'aperçut que ces vœux, en apparence modestes, ne paraissaient pas déplaire en haut lieu, et que *les partisans surannés du pouvoir despotique* en étaient seuls inquiets ; ils prétendaient, non sans raison, que le premier pas dans la carrière *libérale* en amènerait bientôt d'autres que l'on regretterait amèrement plus tard, et disaient avec tristesse, mais discrètement, comme il convient à d'anciens serviteurs méconnus, qu'on se lançait imprudemment, non dans la voie de la liberté sincère et toujours désirable, mais dans les ornières bien connues de la tyrannie parlementaire ; cependant, comme on encourageait, au moins par le silence, cette attitude nouvelle d'une opposition qui se croyait de bonne foi dynastique, elle s'enhardit, et se servant avec habileté des livres, des revues, des journaux dus à son inspiration, elle finit par faire naître, au Corps législatif lui-même, une minorité avec laquelle il fallut désormais compter, minorité composée de députés fort respectables et suffisamment intelligents pour donner à leurs critiques des apparences capables de séduire la bourgeoisie à la fois étonnée et charmée de trouver ouverte une barrière qu'elle n'aurait jamais osé forcer.

On se mit donc avec ardeur, au sein de la Chambre, à discuter le pouvoir dans chacune de ses tendances, et les contemporains n'ont pas perdu le souvenir des efforts mémorables du maréchal Niel, résistant avec une rare énergie aux *sentiments d'économie* qui animaient nos libéraux dans la discussion du budget de la

guerre ; l'armée dans leurs mains menaçait de
s'en aller par lambeaux; l'agriculture paraissait
être le seul souci de ces braves gens, et lui rendre des bras était, selon eux, faire œuvre patriotique. Pendant que les modérés *taquinaient*
l'armée, on sait avec quelle prévoyance et
quelle intuition des courants hostiles qui se
manifestaient à l'étranger, les radicaux l'insul-
taient chaque jour en démontrant son inutilité :
les armées permanentes avaient fait leur temps;
le pays n'est fort que par ses vertus et sa liberté;
la garde nationale, les baïonnettes intelligentes,
suffisent amplement à la défense intérieure et
extérieure du pays ! Et toutes ces puérilités,
cent fois rabâchées par toutes les oppositions,
recommençaient à avoir du succès. Ces batailles
parlementaires, où l'on déconseillait le courage,
en lui refusant les éloges auxquels il a droit,
où l'on tenait école d'indiscipline, où l'on ba-
fouait, comme des vieilleries indignes de la
philosophie moderne, les idées d'honneur et de
patrie, firent plus de mal au pays qu'une bataille
perdue, où l'on ne tue que des hommes et non
des idées: en vérité c'était la théorie anticipée
de la Commune de 1871.

Le ton de la polémique cessa bientôt d'être
courtois; plus le chef de l'État faisait de conces-

sions, plus fort on criait au tyran ; le régime
de la presse fut remanié, et loin d'essayer quelque système nouveau, comme celui du *jury
politique*, — dont il nous est personnellement
interdit de dire du bien, — on retomba servilement dans les voies si tristement parcourues
par la loi Royer-Collard, et l'on demanda de
nouveau aux législateurs ce code impossible
des délits et des crimes commis par la voie de
la presse. Comme ces prétendus crimes et ces
délits singuliers n'ont jamais d'autre effet que
de propager chez tous les écrivains politiques
une excitation générale à les commettre, vu
l'énorme profit que retire l'opposition d'une
condamnation même fort grave, on ne se fit
pas faute d'user d'un instrument qui n'a de rigueur que pour le pouvoir, et, des journaux,
l'émotion gagna la rue.

Ce n'étaient pas encore des émeutes, mais
tout le monde comprit que l'émeute n'était pas
loin ; or, c'est peu de chose qu'un désordre de
la rue sur tout autre point de la France qu'à
Paris : en province, cet arrêt momentané de la
tranquillité publique ne saurait rien compromettre, parce que le gendarme, respecté et soutenu par la population paisible, est très suffisant pour remettre toute chose en place, et

aussi par cette excellente raison qu'une émeute n'y peut aboutir à rien ; les ressorts du gouvernement ne sont pas sous sa main, elle n'a donc aucune espérance de les casser pour arrêter la machine. Dans notre capitale, au contraire, tout se réunit en pareille circonstance pour inspirer les craintes les plus vives ; la bourgeoisie est normalement hostile au gouvernement et paralyse le gendarme ; et une émeute réussie peut devenir rapidement une révolution; quelques députés ardents que les modérés laissent toujours maîtres de la situation n'ont qu'à franchir la courte distance qui sépare la palais Bourbon de l'Hôtel de ville, et le tour est fait.

Mais à cette époque (1869), on était en veine d'indulgence ou d'imprévoyance ; aussi, quand vint le renouvellement de la Chambre (23 mai 1869), il suffit d'être un fort petit clerc en politique pour affirmer qu'on aurait du nouveau. Les vieux serviteurs du régime, décidément mis à l'écart, avaient la mine renfrognée ; les parlementaires ravis disaient partout leur espoir ; les radicaux, plus discrets, mais sérieusement actifs, se contentaient comme de coutume de s'effacer devant les héros du jour, sachant bien que leur rôle ne serait qu'éphémère.

Les *libéraux* furent honteusement battus à

Paris. Ils avaient un candidat dans chacun des arrondissements et pas un ne passa ; ce fut la révolution qui eut tous les honneurs de la journée ; MM. Gambetta, Bancel, Ernest Picard, Raspail, J. Ferry, J. Favre, J. Simon, Eugène Pelletan, Garnier-Pagès étaient élus. Il fallut toutes les forces du parti modéré pour faire passer M. Thiers au scrutin de ballottage.

L'émotion qui suivit cette manifestation parisienne fut très vive en France et en Europe. Chez nous on criait au scandale, Paris, disait-on, s'était couvert de honte, et montrait une absence complète de tact politique ; quoi, c'était-là la réponse de la ville la plus intelligente et la plus importante de l'empire aux bons procédés que l'empereur ne cessait de montrer aux libéraux ; une pareille faute n'était-elle pas capable de décourager pour jamais le souverain ? Car, il ne fallait pas s'y tromper, à Paris tout au moins, et Paris était tout, on laissait les radicaux et le gouvernement seuls en présence ; ce n'était plus la marche quotidienne qu'il s'agissait d'accélérer, on arrivait d'un seul coup à la lutte, au combat entre le gouvernement et ses irréconciliables adversaires !

A l'étranger, avec plus de sang-froid et plus

d'impartialité, on se dit que l'empire venait de recevoir une atteinte grave, et le ton de la diplomatie européenne à notre égard fut aussitôt modifié; en Allemagne comme en Angleterre, on ne songea pas un instant à dissuader l'empereur de persévérer dans la voie où il s'était engagé : on avait dans ces deux grands pays, des notions fort exactes sur le degré d'autorité et de puissance que le régime parlementaire donne à la France, et on le désirait pour elle; ce n'est point du tout calomnier nos voisins que de leur supposer des sentiments hostiles à la grandeur de notre pays.

Le *Times*, cette avant-garde de l'esprit de la cité, recherchait, dans un grand article, quelle était la signification de cette hostilité ouverte de la plus grande ville de l'empire : « Sans doute, disait-il, il est de mode aujourd'hui de dire que Paris n'est plus la France et ne pèse comme influence politique que dans la proportion du chiffre de sa population ; mais ce n'est pas exact ; la grande cité a raison : la centralisation française conservera toujours une influence prépondérante sur le reste du pays. Il est donc difficile de traiter légèrement la condamnation que Paris vient de prononcer contre le pouvoir personnel. Il faut espérer que le grand sens et la grande âme de l'empereur ne seront pas découragés par ce verdict, et qu'il y verra, au contraire, une raison de plus de persévérer dans sa voie libérale. »

Chez nous, comme à l'étranger, on se trompait, ou l'on voulait tromper sur la signification des élections parisiennes ; le fait qui venait de se produire était normal ; sous tous les régimes qui se sont succédé en France depuis notre grande Révolution, il a été constant : l'électeur parisien, qu'il soit censitaire ou non, nomme toujours des députés de l'opposition ; la règle ne souffre aucune exception. Au début d'un gouvernement, cette opposition est relativement modérée, et quelques années se sont à peine écoulées qu'elle devient absolument radicale. Si l'on tourne ses regards sur la province, on la voit au contraire constante dans ses voies traditionnelles de conservation, et nommant des députés toujours favorables aux idées de discipline et de stabilité.

Si donc on consentait désormais, comme le conseille impérieusement la sagesse, à chercher la raison de sa future conduite dans les manifestations électorales du pays, on ne tiendrait compte des élections parisiennes que pour resserrer les liens de la discipline politique qui commencent à s'y relâcher, et pour en appeler de la capitale, fatalement turbulente, à la France toujours amie de la raison. Que dirait-on d'un père de famille qui forcerait tous ses enfants et petits-enfants à subir les caprices du plus incorrigible brouillon d'entre eux? Il est de mode, il est vrai, de prétendre que Paris est la tête du pays, et que les membres de ce grand corps qu'on appelle la France n'ont rien de mieux à faire que d'obéir à ce cerveau tout-puissant : ce sont là des mots et rien que des mots. Il y a des têtes folles; et toutes les capitales du monde, au point de vue politique, sont convaincues de folie. Cette maladie depuis long-temps constatée est l'inévitable et mathématique résultante d'une énorme agglomération d'hommes dans un espace restreint.

Les libéraux, qui avaient toute espèce de raisons pour ne pas laisser enrayer le mouvement *libéral*, se fâchèrent bien fort contre leurs alliés de la veille, qui avaient obtenu à Paris un si éclatant succès. Ils affirmèrent que malgré cette incartade, malgré *cette ruade des Parisiens*, ils restaient maîtres de l'opinion publique, et qu'ils sauraient préserver désormais le gouvernement contre les mauvais procédés de leurs amis : ils étaient sincères à n'en pas douter, mais ils n'avaient point en 1869, pas plus qu'en 1815, 1829 ou 1847, la force de résistance nécessaire pour accomplir leurs louables desseins.

On les crut cependant, et l'empereur lui-même consentit à remettre entre leurs mains sa couronne populaire.

LE PLÉBISCITE

L'exposé officiel de la situation de l'empire en novembre 1869 débute en ces termes :

« L'année 1869 a été inaugurée par deux faits politiques considérables.

« Le Corps législatif, parvenu au terme de son mandat, a été soumis au renouvellement prévu par l'article 38 de la Constitution. — Dans tout l'empire, les opérations électorales se sont accomplies simultanément : plus de huit millions d'électeurs y ont pris part, et, malgré la vivacité de la polémique engagée dans les journaux, malgré la violence des discours prononcés dans certaines réunions publiques ou privées, le vote a eu lieu dans des conditions d'ordre et de régularité incontestables : la masse de la populattion est restée étrangère aux tentatives de désordres qui, après les élections, se sont produites à Paris et dans quelques grandes villes.

« Un sénatus-consulte, en date du 8 septembre, est venu modifier sur plusieurs points importants la Constitution de 1852. Tout en maintenant intact le principe de la responsabilité du souverain, le nouvel acte constitutionnel a établi la responsabilité collective des ministres ; il a fait disparaître l'incompatibilité entre les fonctions de ministre et le mandat législatif ; il a attribué au Corps législatif, concurremment avec l'empereur, l'initiative des lois ; il a substitué le vote du bugdet par chapitres au vote du budget par grandes sections.

« L'approbation des traités de commerce et des conventions postales a été réservée au Corps législatif. Le Sénat et le Corps législatif ont été investis sans restrictions du droit d'adresser au gouvernement des interpellations qui peuvent faire l'objet d'ordres du jour motivés. Enfin, le sénatus-consulte a confié au Corps législatif le droit d'élire son président, ses vice-présidents et ses questeurs. »

L'exposé officiel n'a rien dit de trop, quand il qualifia le sénatus-consulte du 8 septembre 1869 de fait considérable. En effet, à partir de cette

époque mémorable, le gouvernement contenu
en germe dans l'élection du 10 décembre 1848,
et qui eut son complet épanouissement en 1852,
n'exista plus ; de l'empire, il ne restait que
l'empereur, contre lequel tous les efforts logiques de la nouvelle Constitution allaient se tourner, car une mécanique politique tout comme
la machine humaine tend à rejeter tout corps
qui lui est étranger. Il est vrai que le souverain
restait responsable, ainsi qu'on l'affirmait ; mais
il l'était désormais des fautes des autres et non
des siennes propres.

C'est contre lui qu'on allait ameuter l'opinion,
et comme il ne conservait que l'inutile privilège
de nommer des ministres, dont la Chambre
restait le maître et l'inspirateur par la faculté
à elle concédée de les renvoyer, il regardait
gouverner et ne gouvernait plus ; toutes les
autres modifications apportées à l'œuvre de
1852, par le sénatus-consulte du 8 septembre,
n'étaient pour ainsi dire que des corollaires de
la substitution du régime parlementaire au
régime impérial.

L'initiative des lois concédée aux députés
allait de soi ; comment, en effet, refuser à
des gens qui ont en main le gouvernement tout
entier, le privilège secondaire de convertir en

lois leurs vœux politiques ? nommant en réalité les ministres, il eût été dérisoire de les empêcher d'administrer par le moyen du vote détaillé du budget; les conventions postales sont dans les monarchies un attribut du souverain, on les restitua à celui qui devait exercer la souveraineté; les traités de commerce rentrèrent sous la férule du Parlement, par la même raison ; un chef élu par la nation entière pouvait seul imposer aux membres d'une assemblée où dominent nécessairement l'esprit de la bourgeoisie et l'intérêt du patron ces réformes populaires dont le but et les effets connus sont d'avantager tous les consommateurs aux dépens de certains producteurs.

Tout cela était logique, et les choses étant changées, les hommes durent changer à leur tour ; ce fut assurément le sacrifice qui coûta le plus à l'empereur, mais il était également inévitable : personne n'aurait cru à la sincérité de son évolution, s'il s'était opposé à ce dernier changement. L'espoir de faire manœuvrer la nouvelle constitution par les hommes qui s'étaient distingués dans la conduite de l'ancienne était vain : on ne confie pas au paysan, qui n'a jamais conduit sa carriole que sur les chemins faciles qui conduisent au marche, un attelage composé de chevaux hargneux, mal attelés, et lancés à toute vitesse dans une route pleine de fondrières : les parlementaires prirent donc la place des impérialistes, de même que plus récemment les républicains prirent celle des monarchistes quand la république devint le nom officiel du gouvernement anonyme qui succéda à nos désastres. C'était forcé !

S'il fallait s'en rapporter aux manifestations de joie qui éclatèrent dans les salons de Paris quand cette grande réforme y fut connue, jamais réforme n'aurait été aussi nécessaire ; les ennemis les plus avoués de l'empereur célébraient partout ses louanges ; quelle grandeur d'âme, que d'abandonner en pleine puissance des droits autrefois nécessaires, mais aujourd'hui inutiles, puisque la révolution était vaincue sans retour ! Pareille abnégation ne s'était encore jamais rencontrée ; ce prince était un homme fidèle à sa parole, il avait promis de couronner l'édifice et il le couronnait ! Et puis quelle finesse et quel tact politique ; le gouvernement en France ne dure jamais longtemps ; en le modifiant complètement, on allait lui assurer les bénéfices d'un nouveau bail.

Ce nouveau baiser Lamourette ne devait pas avoir d'autres conséquences que celui de la

Convention ; si l'homme est inconséquent, la nature est logique, et les *libéraux* n'avaient pas encore deshabitué leur bouche de sourire, que les mauvais propos, les violences de langage, les injures mêmes y affluaient.

La situation était fausse des deux côtés : le chef, malgré l'abandon de ses prérogatives, ne pouvait faire oublier l'élu de la France et conservait une puissance apparente qui semblait une menace : les nouveaux souverains n'avaient et ne pouvaient donc avoir d'autre souci que de sortir de cette grande ombre, qui les dérobait encore à l'admiration de leurs sujets. Le malaise causé entre ces anciens adversaires politiques, par leur étrange position, l'un voulant bien tout concéder, et les autres consentant à tout prendre mais restant instinctivement défiants, donna naissance au plébiscite de 1870.

Comme autrefois les impérialistes, les libéraux voulurent avoir le leur : à ce compte, disaient-ils, ils se sentiraient rassurés, et la grande ombre aurait disparu. Le peuple français fut donc convoqué dans ses comices le 8 mai 1870, pour voter par *oui* et par *non* sur la question suivante : *le peuple Français approuve les réformes libérales opérées dans la constitution depuis 1860 par l'empereur, avec le concours*

des grands corps de l'État, et ratifie le sénatus-
consulte du 20 août 1870.

Les votes dépouillés par le Corps législatif
donnèrent les résultats suivants : 7,950,142 *oui*
— 1,538,825 *non* — 112,975 *nuls.*

Les libéraux auraient dû être dans le ravisse-
ment, ils furent dans la consternation ; la question en effet avait été mal posée. Si on avait
voulu connaître le vrai sentiment du pays au
sujet de la réforme, il aurait fallu lui demander
ce qu'il préférait, de la constitution de 1852 ou
de celle de 1870 ; conçue dans ces termes, il n'y
aurait pas eu ambiguïté ; mais le texte officiel,
soumis à la ratification populaire, semblait
faire croire que les *non* étaient des votes contraires à l'empire, lequel devait disparaître s'ils
étaient plus nombreux que les *oui*, et en fait, ce
fut de nouveau l'empire qui fut mis aux voix.

Personne ne s'y trompa, pas plus en France
qu'à l'étranger, et le véritable désespoir de ses
ennemis, à la proclamation solennelle du vote,
en dit plus long à ce sujet que tous les com-
mentaires ; *l'empire était à jamais consolidé,*
tel fut le cri général, aussi bien parmi ses amis
que dans le camp de ses adversaires.

Etrange contraste que ce cri formidable de *Vive*
l'empereur poussé à la fois par huit millions de

bouches fidèles, au moment même où l'empire
disparaissait !

LES PRÉPARATIFS DU 4 SEPTEMBRE

L'empereur avait fait grandement les choses
beaucoup trop grandement à notre gré. Comment
les parlementaires qui avaient ardemment solli-
cité la réforme, qui n'avaient pas eu besoin pour
l'obtenir de luttes toujours douloureuses, et se
trouvaient par suite dans une excellente situation pour conserver, envers les hommes et les
choses, la modération sans laquelle il n'est pas
de gouvernement possible : comment allaient-
ils manœuvrer leur barque ? la révolution avait
été pacifique, elle avait pris naissance en
haut, le bas ne pouvait comme autrefois se
montrer exigeant. Que d'heureuses circonstances réunies si on voulait bien se souvenir des
fautes commises par les devanciers, et si on
consentait à montrer quelque discrétion dans
l'usage d'un pouvoir nouveau, quelque prévoyance dans l'appréciation des forces contre
lesquels il allait falloir lutter ; tous les députés
incontestablement bonapartistes de cœur, de
raison, d'intérêts, à une dizaine près. se mon-

treraient sans doute reconnaissants et seraient
les premiers à se mettre en travers de passions
hostiles, si jamais elles pouvaient naître dans
un pareil milieu ; confiants dans leur chef, qui
leur montrait une confiance sans bornes :
uniquement occupés à ne pas laisser dégénérer
en licence la liberté nouvelle, courageux contre
leurs alliés de la veille, on allait les voir con-
stamment sur la brèche, défendant contre les
droites et les gauches cet *empire libéral* si facilement conquis et depuis si longtemps désiré !

Nul doute que l'immense majorité, la totalité
de ces bonapartistes du Corps législatif n'eût
caressé cette espérance ; comme toujours,
c'étaient d'honnêtes gens, parfaitement sincères,
mais la force des choses s'impose et le parlement souverain est chez nous une impossibilité ;
on devait en faire encore une fois la désolante
expérience.

Bien que les historiens aient cent fois prouvé
que la révolution finit le jour où elle éclate,
pour la masse qui ne croit au changement que
lorsque tout a été renversé, qui n'est avertie du
dégât politique que lorsqu'il est consommé,
pour cette masse aussi bien intentionnée
qu'ignorante, l'empire avait retrempé ses forces
dans les eaux libérales et elle restera persuadée

bien longtemps encore que sa chute n'est due qu'à la guerre et aux désastres qui en ont été la conséquence.

Sa chute date cependant du jour où commença à fonctionner le célèbre sénatus-consulte de 1870, et il n'y aurait pas eu la moindre complication extérieure, que le gouvernement aurait péri misérablement dans la rue, comme en février 1848 ; les mêmes causes auraient fatalement amené les mêmes effets ; les libéraux n'eussent pas manqué de faire cause commune avec les radicaux pour *améliorer* le gouvernement et, comme d'habitude, ces révolutionnaires auraient profité de l'alliance pour le renverser. Tout ce que l'on peut concéder, c'est la chute un peu retardée; et encore faut-il, pour faire cette concession, être d'un caractère fort conciliant.

On va voir, en effet, par le travail parlementaire quotidien, que toutes les assises de l'empire furent fouillées, ébranlées, détruites avant le 4 septembre, et qu'à cette date, non seulement il n'existait plus constitutionnellement, mais que le respect qui survit parfois à une situation perdue, et l'espèce d'autorité qui l'accompagne avaient entièrement disparu, grâce aux efforts des violents et à la tolérance des modérés.

C'est l'éternelle histoire de nos assemblées politiques souveraines, qu'on dirait menées aux abîmes par un petit groupe d'esprits ardents, mais qui ne font que rouler inertes et sans défense sur la pente où elles sont engagées.

11 janvier 1870. — On demande au Parlement une loi destinée à faire rentrer les membres de la famille Bonaparte dans le droit commun. Pourquoi, en effet, un droit spécial, destiné, comme les honneurs et les privilèges, à mettre en relief un chef investi d'une grande puissance, si cette puissance n'est plus ? Quel besoin aurait de sa robe un magistrat qui ne rend plus la justice? On profita naturellement de cette proposition, aussi inconvenante que logique, pour parler des Bonapartes comme on rougirait de parler d'un laquais : en les comparant à des Borgia on s'estimait encore modéré; l'épithète de tyran n'avait plus de piquant pour le public blasé, et s'appliquant à un prince qui n'avait d'autre souci que l'abandon de son pouvoir, elle aurait prêté à rire.

12 janvier. — On discute la question de savoir si les membres du conseil privé, anciens grands personnages de l'empire, qui étaient investis de la confiance de l'empereur et comme tels avaient leur entrée au conseil des

ministres doivent continuer à en faire partie.
La réponse ne pouvait être douteuse ; quelques
services qu'aient pu rendre ces personnages, et
quand bien même ils auraient été dans le cas
d'en rendre de nouveaux, il est évident que
leur place n'était plus dans un ministère qui ne
dépendait que de l'assemblée.

19 janvier. — On étudie avec grands détails
les traités de commerce : puisque l'empereur
ne les signe plus et que la Chambre devient
maîtresse sur ce point comme sur tous les autres,
elle est naturellement portée à croire que le
souverain a abusé de son pouvoir, et voudrait
déchirer ces maudits traités ; on fait remarquer
à temps à ces patrons qui brûlent de prendre
leur revanche, que les traités sont des contrats
et que, par suite, ils ne peuvent être anéantis
sans le concours de deux volontés. Il n'est
guère de sujet, qui, sous des formes diverses,
revienne plus fréquemment à la tribune. On
sent là une âpreté qu'on ne rencontre d'habitude
que chez les gens qui ont une injure à venger
ou mieux encore un intérêt à satisfaire.

22 janvier. — C'est le conseil municipal de
Paris qu'il est question de faire élire par la
population : Pourquoi non ? Sous l'empire, c'est
la France qui gouverne ; sous le Parlement,

c'est Paris. Dans ce dernier cas il est bien naturel que ce soient les Parisiens qui nomment leurs échevins ; la révolution y trouve son avantage, elle a fait ses preuves contre le Parlement, elle sait que le jour venu, il ne pèse pas d'un grand poids dans la balance ; mais, elle est tout au moins obligée d'organiser contre lui de continuels 18 brumaire, où les gamins et les gardes nationaux en goguette font l'office des grenadiers légendaires. C'est fatiguant, et puis, à ce jeu si renouvelé, il pourrait se faire que les républicains perdissent leur renommée de parfaits libéraux. Le conseil municipal élu est au contraire une assemblée nécessairement radicale, où la révolution triomphe à l'avance et peut trouver à l'occasion un personnel éprouvé ; au surplus, c'était l'empereur qui nommait ce conseil ; puisqu'il n'y avait plus d'empereur, il fallait bien recourir à un autre mode d'élection.

Le *28 janvier* est consacré au vote d'une vaste enquête destinée à montrer au monde combien sont pernicieux ces fâcheux traités de commerce qu'on ne peut pas déchirer.

11 mars. — C'était aussi un legs du gouvernement antérieur que cette sage législation qui refusait d'admettre l'assimilation de nos colonies à la mère patrie, et par suite laissait au

chef de l'État la nomination de leurs gouver-
neurs. Puisqu'il n'y avait plus de chef de l'État
aux Tuileries, il fallait abandonner le soin de
cette nomination au Parlement souverain, ou
aux habitants de la colonie. On discuta sur ce
point délicat ; mais, ce qui ne pouvait faire
doute pour personne, c'était l'incompétence
naturelle de l'ex-empereur.

Cette séance du 11 mars fut remarquable
entre beaucoup d'autres par les nombreux
gages qu'elle donna à *la logique de la situation :*
les préfets de l'empereur avaient la présidence
des conseils de préfecture ; le préfet dans ce cas
était magistrat : rien de plus naturel, puisque
le chef de l'état nommait tous les magistrats,
et qu'on trouvait dans ces nominations des
garanties d'impartialité, qu'on chercherait en
vain dans tout autre mode de recrutement.
La logique aurait donc voulu que, le souverain étant changé, ce fut le dernier, c'est-à-dire
le Parlement qui (par le moyen de ses ministres)
eut cette nomination : mais ces ministres sont
si changeants, eux-mêmes, qu'il était difficile
de leur confier cette mission : on décida donc
que les membres du conseil choisiraient leurs
présidents. — Les commissions administratives
des hospices, ce gouvernement du pauvre souf-

frant, étaient aussi nommées par les soins du prince ; il y a, en effet, bien des raisons pour ne pas laisser la politique de localité, avec ses haines et ses rivalités toujours vivaces, intervenir dans la gestion de ces intérêts respectables ; l'impartialité ne se rencontre qu'au loin et en haut ; en remettant cette nomination au Parlement et à ses ministres on a introduit les préoccupations de la politique là où on ne devrait jamais les rencontrer.— L'abrogation de la loi du 29 décembre 1851, sur la surveillance des cafés, cabarets et débits de boisson, avait été bien des fois souhaitée par les *libéraux ;* comment faire de l'agitation sans les cabarets, et comment être nommé sans cette agitation? Les libéraux avaient une dette de reconnaissance à payer et un foyer de propagande à entretenir ; ils ne manquèrent pas à leur mission ; le *Grand Gendarme* n'étant plus, on n'avait que faire des petits, de ceux qui font fermer les cabarets à l'heure dite, empêchent qu'on en ouvre clandestinement, et sont la terreur des politiciens, qui entre deux chopes décident du sort du pays. — Une loi du 14 juillet 1856 avait donné à l'empereur la faculté d'accorder aux ministres et autres grands fonctionnaires de l'empire des pensions dont le taux pouvait varier entre des limites fixées à l'avance ; c'est un besoin de toutes les démocraties où la fortune n'accompagne pas toujours le talent et les hautes fonctions, que de venir en aide à de grands personnages, dont on veut conserver les services présents ou honorer les œuvres passés. Quand la république nous gouverne, on pourvoit à ce besoin au moyen des récompenses nationales ; or, déjà à cette époque, et sous un autre nom que le sien, c'était déjà la république qui nous gouvernait ; elle ne faisait donc en réalité que tirer du sénatus-consulte ses naturelles et légitimes conclusions.

La logique allait grand train, comme on le voit ; loin d'y contredire, comme la plus simple prévoyance le commandait, on se laissait doucement conduire par elle. Tous les gouvernements ont une logique, c'est-à-dire une pente sur laquelle ils glissent, et c'est à remonter le courant qu'ils doivent s'évertuer : la pente était-elle trop forte pour ces politiques essoufflés? c'est notre croyance, et c'est en même temps leur excuse.

21 mars. — On propose l'abrogation de toutes les lois dites de sûreté générale. C'étaient, en effet, des lois d'exceptions conçues, pour une partie au moins, avec la pensée de rendre plus circonspects les futurs assassins de l'empereur.

Mais les exceptions ne s'expliquent que pour un personnage dont on veut, dans l'intérêt général, augmenter la puissance et le prestige. Donc, messieurs les assassins ne devaient plus se gêner.

Dans la même séance on demande le retrait de ce célèbre article 75 de la constitution de l'an VIII, destiné à garantir dans une certaine mesure, tous les fonctionnaires contre les poursuites que les particuliers voudraient leur intenter : c'était une sage précaution, puisque tout fonctionnaire, à raison même de son métier, peut blesser et blesse souvent bien des amours-propres, et des intérêts plus nombreux encore ; il n'est pas vis-à-vis de ses concitoyens dans la situation commune, l'exception de protection se légitime donc d'elle-même, et quand on ne la demande pas à l'article 75, on s'arrange pour la trouver ailleurs ; mais cette sagesse venait de l'empire, et l'empire ayant disparu, la sagesse même devenait importune.

Le régime politique dont le nom subsistait encore, comme un mensonge à peine toléré, commençait à être menacé de perdre jusqu'à sa dernière apparence. Un député (qui occupe au-

jourd'hui la première place dans la république)
ne craignit pas de faire à la logique une concession nouvelle, en demandant de conférer
législativement aux députés ses collègues le
pouvoir constituant. L'empire, plusieurs fois
consacré par la nation, se trouverait ainsi remis tout entier entre les mains du Corps législatif dont les votes seraient devenus supérieurs
aux arrêts jusqu'alors indiscutés du plébiscite.

Les grands commandements militaires, in-
stitués par l'empire et confiés à des maréchaux
de France dans un but de protection pour tous
les intérêts conservateurs, et en vue de donner à
l'armée le plus d'éclat possible, n'avaient point
offusqué les susceptibilités du peuple, qui supporte et qui aime la grandeur chez ses chefs ;
mais ils irritèrent les susceptibilités de nos parlementaires qui, ayant pris la mesure de leur
taille, redoutaient toute comparaison ; à parler franchement, on ne saurait leur en vouloir
beaucoup à ce sujet : le souverain dans un État
bien réglé doit être supérieur à tout ce qui l'entoure, et si le souverain est petit, il faut que
tout se rapetisse autour de lui.

22 mars. — Puisque, le grand conseil élu, la
Chambre des députés était investie, contre toutes
nos traditions et contre les règles du sens com-

mun, du pouvoir exécutif, on n'eut pas de peine à prouver que les conseils élus de moindre importance devaient, autant que la nature des choses le permet, se substituer aussi à leurs chefs ; mais on n'allait pas jusque-là dans ses prétentions ; on entendait rester modéré, et on le prouvait en ne demandant pour les conseils généraux que la faculté d'émettre des vœux politiques.

23° mars. — Pour enseigner préventivement aux gamins comment on décroche les armes impériales, qui à des titres divers s'étalaient dans nos rues, c'était une bonne leçon que de faire disparaître *la garde impériale,* corps d'élite, existant dans toutes les armées bien tenues, mais compromettant par son nom même ; quel contre-sens, en effet, qu'une garde impériale sans véritable empereur ?

Le soin d'effacer de nos institutions tout souvenir du gouvernement déchu, préludant ainsi au grattage des pierres de nos monuments pour en faire disparaître tout vestige impérial, n'était sans doute pas le seul souci de nos députés ; le Napoléon de la colonne Vendôme était déjà signalé comme une apothéose déplorable par les philosophes attitrés du nouveau régime, et leurs prédications éloquentes devaient bientôt enflammer de pauvres cervelles, et pousser ces masses soudoyées et stupides que l'on rencontre dans les grands centres de population à pratiquer leurs belles théories. Le peuple, dans sa généralité, est honnête et placide, il ne comprend pas ces exécutions, même en effigie, et quand, par exception, on le prend en flagrant délit d'émeute contre les grands hommes, il faut tenir pour certain qu'il a été poussé par les beaux esprits à la mode du jour; toute sottise de cette nature est précédée de nombreux morceaux de littérature politique malsaine.

Mais, comme nous le disions, il ne suffisait pas de mettre le passé en harmonie avec le présent; on ne pouvait se dispenser de donner quelques gages aux alliés de la veille : l'article 291 du code pénal, qui obligeait toutes les associations à obtenir l'autorisation du gouvernement, était naturellement insupportable à ceux qui avaient encore à faire usage de cette arme de guerre; la mort de l'article 291 fut donc proposée.

24 mars. — C'est un usage constant dans toutes les assemblées de confier à des commissions spéciales, nommées *ad hoc,* l'examen préalable de toutes les questions qu'elles ont à résoudre; quand l'assemblée devient souveraine, elle tend à devenir une Convention et à remplacer ces commissions par des comités permanents, auxquels aboutissent toutes les décisions à prendre, tous les décrets à promulguer. On avait bien proposé de rendre aux députés le pouvoir constituant *injustement* détenu par la nation tout entière. Pourquoi refuserait-on de donner au régime nouveau, son nom véritable? c'était une Convention encore embarrassée, il est vrai, dans les *friperies impériales;* raison de plus pour les répudier et faire resplendir au soleil de la liberté son véritable drapeau.

28 mars. — En courant, *la logique* emporte la haute cour de justice ; elle exige aussi qu'on étende les attributions de la nouvelle loi sur la presse, cette vieille nouveauté à la mode de Royer-Collard ; elle entend enfin que désormais les magistrats soient élus.

29 mars. — Comme il est convenu depuis longtemps que la nation ne compte pour rien et que ses décrets sont sans aucune vertu, on ne se gêne pas pour exiger de profondes modifications à la loi électorale, qui de sa nature est constitutionnelle.

La loi sur la presse occupe un nombre considérable de séances agrémentées, au point de vue des amateurs de scandales, de nombreuses injures adressées à l'empire et à l'empereur ;

puis, on se remet activement à la besogne qui
ravit tous les cœurs, à la chasse des derniers
vestiges du gouvernement défunt.

Les conseils généraux étant devenus des assemblées politiques, on sollicite pour leurs candidats l'autorisation de réunions publiques,
pendant la période électorale.

Le mot *Invalides* ne doit s'entendre désormais
que lorsqu'il s'agit d'ouvriers mutilés dans
l'exercice de leur métier ; quant à ceux qui ont
été frappés pendant la guerre, ils cessent d'être
intéressants, puisque l'institution monarchique
a disparu. Tous les *tyrans*, à ce que prétendent les gardes nationaux, aiment la guerre et
les soldats ; or ces prud'hommes militaires n'aiment pas la guerre et sont, à les en croire, les
meilleurs gardiens de la paix.

On était parvenu à la fin de juin ; quelques
jours à peine nous séparaient de la déclaration
de guerre, et toute la passion du Parlement semble encore concentrée *sur la nécessité de réduire l'armée :* il réclame avec une insistance
qui n'admet plus de réplique qu'on libère, par
anticipation, les classes libérables, pour donner
des bras à l'agriculture, et la réduction habi-
tuelle de 10,000 hommes sur le contingent
annuel lui paraît tout à fait insuffisante.

Pour compléter à sa manière les moyens de défense du territoire dans la lutte terrible qui se prépare et que lui seul au monde ignore, il demande pour les journaux étrangers — tant la prose envoyée de *Berlin* lui semble recommandable — l'autorisation de pénétrer librement sur le territoire français.

Au 1ᵉʳ juillet, l'agrandissement des attributions du conseil municipal de Lyon le préocupe exclusivement et le lendemain il rapporte les lois de 1832 et de 1848 *qui ont prononcé l'exil des princes de la maison de Bourbon.*

Cette dernière *espièglerie* à l'égard de l'empereur montre, avec une suffisante netteté, les tendances politiques auxquelles se laissait entraîner une assemblée bonapartiste, et le triste chemin parcouru depuis l'établissement officiel du régime parlementaire.

LA GUERRE

Il existe encore quelques apprentis politiques pour croire que les souverains inventent des guerres dans le but sournois de relever leur prestige compromis. Les rois, sans aucun doute, participent de l'humaine faiblesse, mais ils ris-

quent beaucoup plus dans une aventure qu'aucun de leurs sujets, tandis que la hauteur où
ils sont placés les rend accessibles à des desseins
mûris, à une constance dans leur exécution que
ne connaissent pas les foules subitement enfié-
vrées par l'enthousiasme ou affolées par la peur.

On croit que le prince a décidé la guerre,
quand, poussé par les clameurs de son peuple,
il s'y résigne. Il n'y a pas plus de quelques
années, à l'époque du renouveau des complications orientales, il fut avéré que les souverains de
Russie, d'Autriche et de Turquie avaient tout
mis en œuvre pour retarder autant qu'il était
en eux le conflit inévitable.

On n'invente pas de guerres ; elles sont dans
les données historiques du monde, et il n'en
est pas une seule qui n'ait été dix fois sur le
point d'éclater avant le moment où elle éclate,
ou qui n'ait été déjà dix fois engagée avant de
produire les résultats attendus et d'avoir dénoué
définitivement un problème européen. Les croi-
sades, cet élan magnifique de peuples croyants,
ont duré plus d'un siècle : nos guerres religieuses n'ont pris fin qu'après la chute définitive de notre aristocratie luttant intrépidement
mais sans succès contre nos rois catholiques ;
les revendications de la France sur l'Italie, qui

ont été imposées par le besoin de frotter d'art
et de civilisation une nation encore exclusivement batailleuse, n'ont cessé que le jour où
notre pays n'eut plus rien à apprendre de
son voisin ; les rivalités de l'Autriche et de la
Prusse ont engendré cent péripéties guer-
rières qui sont encore dans la mémoire de tous;
les violences et les séductions de la Révolution française ont amené le terrible et incomparable éclat connu sous le nom d'épopée impériale.

Plus près de nous, à des époques où chacun est à même de contrôler des faits qui se
sont passés sous ses yeux, n'est-il pas certain
que la guerre de Crimée était inévitable, qu'un
jour ou l'autre il faudrait s'y résigner. M. Thiers
sous le roi Louis-Philippe l'avait essayée, et de
même que dans un passé plus lointain la diplomatie avait été rudement occupée de ce sujet, de
même dans l'avenir cette diplomatie aura bien
longtemps encore à le traiter ; la guerre d'Italie
fut la rupture d'un des anneaux de cette chaîne
qui étouffait l'indépendance italienne; cette
chaîne est-elle définitivement brisée, l'indépendance de la péninsule est-elle assurée ? Bien
hardi qui se prononcerait sur ce point délicat ;
mais, ce qu'il faut affirmer, c'est que la guerre

recommencera si cette indépendance vient à être mise en péril.

Nous assistons, en effet, depuis près d'un siècle au travail visible de la transformation de nos anciennes sociétés féodales en peuples véritables, comprenant un grand nombre d'hommes vivant sur de vastes territoires ; un coup d'œil sur deux cartes de l'Europe, à ces deux dates, ne permettrait pas de doute sur la réalité de ces efforts inconscients d'assemblages, d'amalgame, entre peuples autrefois séparés. Bien des générations auront disparu avant que ces questions de nationalités soient éteintes, et il faudrait être un élève hors ligne de Bernardin de Saint-Pierre pour espérer que tous ces déchirements moraux et matériels se feront pacifiquement. Les antécédents de la guerre du Mexique sont partout dans notre histoire contemporaine ; et, au temps des prédécesseurs de l'empereur Napoléon III, elle avait été maintes fois essayée. A-t-on bien fait d'engager cette guerre, au moment où elle fut entreprise? C'est une autre question et, pour notre compte, nous n'hésiterions pas à répondre affirmativement. A-t-elle été bien conduite politiquement? Nous en doutons. Mais, ce qui importe, c'est de savoir qu'elle n'a pas plus été inventée que les autres.

Un prince, en arrivant au pouvoir, est
chargé, par les faits passés et par une puissance
souveraine dont il n'a pas à discuter les arrêts,
de résoudre un certain nombre de questions
intérieures ou extérieures : il n'a que le choix
de l'heure, mais pour faire ce choix il est incontestablement mieux placé qu'un parlement quelconque qui se plaint toujours de n'être pas
averti en temps utile des complications qui
menacent sa tranquillité, et qui s'en plaindra
toujours, car on ne peut livrer à la discussion
publique les délicates et brûlantes questions
qui s'agitent à la veille d'une conflagration
générale. On a fait à la république actuelle un
grief d'avoir entamé certaines expéditions
sans l'aveu du parlement; ce grief n'est pas
fondé, car la république, qui est chez nous
le gouvernement d'essence la plus faible, ne
peut agir autrement que les gouvernements les
plus forts. En Angleterre même, les ministres
ont été souvent obligés de mentir patriotique-
ment et de cacher aux membres des communes
tout ou partie de la vérité.

Est-il besoin d'insister davantage sur ce point
et de démontrer l'évidence : à savoir, que la
Prusse et la France, en rivalité séculaire, en
viendraient bientôt aux mains ? Avant 1870, il

n'y avait personne pour le nier. Quand le ministre avisé qui gouverne la nation prussienne fut assuré que l'empereur avait réellement abdiqué et que sa puissance était entièrement passée entre les mains de notre parlement, il se mit dans le cas qu'on lui déclarât la guerre, sachant bien qu'une armée se bat mal, quand elle a dans le dos une assemblée qui disserte sur les coups que le soldat donne ou sur ceux qu'il reçoit. Les documents les plus positifs, sans parler des nombreux espions qu'elle entretenait chez nous, établissent, aujourd'hui, la préméditation évidente de la Prusse ; ce qui n'a rien en soi d'illégitime, et ce dont nous ne saurions lui faire un crime.

Cette rencontre inévitable de deux grands pays eut donc lieu en 1870. Elle fut annoncée à la Chambre.

6 juillet. — A l'occasion d'une interpellation adressée au gouvernement sur la candidature d'un prince de la maison Hohenzollern au trône d'Espagne, le ministre des affaires étrangères s'exprima en ces termes : « Nous ne pensons pas que le respect des droits d'un peuple voisin nous oblige à souffrir qu'une puissance étrangère, en plaçant un de ses princes sur le trône de Charles-Quint, puisse déranger à notre détriment l'équilibre des forces actuelles de l'Europe et mettre en péril les intérêts et l'honneur de la France. *(Vifs et nombreux applaudissements; bravos prolongés.)*

« Cette éventualité, nous en avons le ferme espoir, ne se réalisera pas. Pour l'empêcher nous comptons à la fois sur la sagesse du peuple allemand et sur l'amitié du peuple espagnol ; s'il en était autrement, forts de votre appui, Messieurs, et de celui de la nation, nous saurions remplir notre devoir sans hésitation et sans faiblesse. » *(Longs applaudissements, acclamations répétées.)*

11 juillet. — M. le ministre des affaires étrangères paraît à la tribune pour expliquer à la Chambre qu'il attend, comme elle, de connaître les vues des cabinets européens avant de prendre un parti.

12 juillet. — Un membre de la Chambre demande au gouvernement de faire connaître les garanties qu'il a stipulées ou qu'il compte stipuler pour éviter le retour de complications successives avec la Prusse.

13 juillet. — Le gouvernement fait connaître à la Chambre que l'ambassadeur d'Espagne a annoncé officiellement la renonciation du prince Léopold de Hohenzollern au trône d'Espagne.

15 juillet. — M. le président du conseil (M. E. Ollivier) : « Forts de l'empressement avec lequel vous avez accueilli, le 6 juillet, notre déclaration, nous avons commencé nos négociations avec les puissances étrangères pour obtenir leurs bons offices envers la Prusse. — La plupart de ces puissances ont reconnu la justice de notre déclaration. — A Berlin on nous a répondu que le cabinet ignorait cette affaire et y était étranger, — nous nous sommes adressés au roi qui a reconnu avoir autorisé le prince de Hohenzollern à accepter la candidature offerte en ajoutant qu'il entendait rester étranger aux négociations ; qu'il avait agi comme chef de famille et non comme souverain. — Sur ces entrefaites le désistement du prince Léopold est arrivé du côté de l'Espagne. — Nous demandons au roi de Prusse, au cas où la couronne serait de nouveau offerte au prince, de ne plus l'autoriser à accepter ; la demande était faite en termes très modérés et en donnant au roi l'assurance que nous ne cherchions, en aucune manière, dans cet incident un prétexte pour la guerre. — Le roi consent à approuver la renonciation, mais refuse de prendre des engagements pour l'avenir. — A la suite de ce refus, Sa Majesté notifie à notre ambassadeur, par son aide de camp, qu'elle ne le recevra plus, et pour donner à ce refus un caractère non équivoque, il a été communiqué officiellement à tous les cabinets de l'Europe. — M. de Werther recevait l'ordre de prendre un congé, et les armements commençaient en Prusse. — Dans ces circonstances tenter davantage pour la conciliation eût été un oubli de dignité et une imprudence ; nous n'avons rien négligé pour éviter une guerre et nous allons nous préparer à soutenir celle qu'on nous offre, en laissant à chacun la part de responsabilité qui lui revient. » *(Très bien, très bien! bravo, bravo! Applaudissements prolongés. Vive l'empereur! Vive la France!)*

L'urgence sur les crédits demandés par le ministre est votée à l'unanimité, moins une douzaine de voix appartenant à la députation de Paris et parmi lesquelles il faut compter celle de M. Thiers, «peu soucieux, disait-il, de charger sa mémoire d'un pareil vote ; il ne veut pas qu'on puisse dire un jour qu'il a pris la responsabilité d'une guerre fondée sur de tels motifs ; le fond étant accordé, ce n'est plus que sur un détail de forme que l'on rompt. »

La mémoire de M. Thiers, malgré son vote dans la séance du 15 juillet, restera chargée de méfaits historiques : c'est en partie par ses

soins et grâce à des talents incontestables,
dont il fit un détestable usage, que trois gouvernements sont successivement tombés ; nommé un jour, après nos désastres, par vingt-cinq
départements conservateurs pour barrer le chemin à la république, il lui ouvrit la porte à
deux battants. Au point de vue politique, ce
fut une véritable félonie que, par un reste
d'indulgence pour un homme qui a joué un
rôle si considérable, on serait tenté de mettre
au compte d'une erreur de jugement, s'il n'avait
pas été le bénéficiaire de cette erreur.

Au surplus, en présence des faits cités à la
tribune, et de ceux que sa mémoire, si garnie,
si fidèle, n'a pas manqué de lui rappeler, il est
fort probable que cet homme d'État savait,
mieux que personne, l'inévitabilité de cette
guerre, et qu'un prétexte venant à faire défaut à
nos ennemis, ils en eussent mis un autre en
avant. On ne couvre pas la France d'espions,
on ne fait pas des armements formidables, pour
rester les bras croisés ! Il est vrai que ce grand
orateur s'était employé activement à refuser
au gouvernement de l'empereur les hommes
et les crédits que ce dernier jugeait indispensables pour se [préparer à un conflit qu'il pré-
voyait déjà et que déjà il redoutait. Il est vrai

que cet historien illustre traitait de fantasmago-
rie la révélation portée à la tribune par le maréchal Niel, au sujet du nombre d'hommes que
les Prussiens pouvaient mettre en ligne ; et ces
votes importuns, cette politique imprévoyante,
ont peut-être troublé sa vue, au dernier moment.

Quoi qu'il en soit, ce qu'il importe de constater, c'est que le Parlement souverain a été
mis successivement au courant de toutes les
phases des négociations qui ont précédé la déclaration de guerre ; que dans toutes ses manifestations, il a montré un enthousiasme et une
ardeur sans réserves pour la solution qui est
intervenue et que, du 5 au 20 juillet, il a eu tout
le temps nécessaire pour mûrir ses décisions,
pour ne prendre de résolution définitive qu'a-
près avoir tout pesé. Il n'est pas un de nos
contomporains ayant assisté à ces séances mémorables, qui ne puisse affirmer qu'un vote un
peu douteux de la Chambre, qu'une majorité
simplement discutée accordée au ministère,
eût fait changer le cabinet et amené au pouvoir un ministère pacifique ; nous le répétons,
car c'est un point important, il ne fallut rien
moins que l'unanimité de cette assemblée bonapartiste, qui ne comptait que quelques intran-

sigeants, pour décider la guerre ; constitutionnellement, l'empereur n'avait aucun moyen
d'imposer sa volonté, et grâce à *la logique* de
la Chambre, sa personne, son nom, furent
comme absents de ces débats solennels ; les
députés avaient tiré du sénatus-consulte des
conclusions si rigoureuses, que de cette grande
autorité des années précédentes, il ne restait
rien.

Le Parlement venait de voter la guerre, comment allait-il la soutenir ?

SESSION EXTRAORDINAIRE DE 1870

9 août. — M. le président Schneider lit à la
Chambre le document suivant :

« Considérant que les informations qui arrivent
au gouvernement lui signalent la présence
spontanée à Paris de la plupart des sénateurs
et des députés : — Art. 1er. La session extraordinaire du Sénat et du Corps législatif sera ouverte le 9 août. — Fait au Palais des Tuileries,
le 7 août 1870 : Par l'Empereur et en vertu
des pouvoirs qu'il nous a confiés, EUGÉNIE.
Contre-signé : *E. Ollivier.* »

C'eût été une bien grande faute que d'appeler le Parlement à délibérer dans des circonstances aussi critiques, s'il avait été possible d'agir autrement. Quel est le pouvoir régulier en Europe, à l'exception de l'aristocratique Angleterre, qui aurait consenti à délier la langue de ses orateurs parlementaires pendant qu'il chargeait la gueule de ses canons ? La guerre est chose sérieuse dont il faut confier exclusivement la conduite aux spécialistes, c'est-à-dire aux guerriers ; l'histoire de la Convention ne prouve rien contre cette règle appliquée en tous temps et par tous les peuples, car cette Convention ne ressemblait en rien à nos parlements modernes ; elle envoyait à la guillotine les bavards, les indiscrets, les importuns même, et déléguait toute sa puissance à des comités composés d'un très petit nombre de membres, agissant à leur guise et sous leur responsabilité ; c'était comme une contrefaçon révolutionnaire du Conseil des dix : à ce compte, une assemblée peut exister pendant la guerre, car, en réalité, elle ne discute pas.

Mais était-il possible de ne pas réunir le Parlement en 1870 ? Assurément non. L'empereur était sans pouvoirs, puisqu'il était sans ministres à lui et ne pouvait gouverner qu'avec ceux que

la Chambre lui imposait. Il était cependant indispensable que quelqu'un commandât. Dans
un moment de crise, tout le monde sent instinctivement le besoin de la discipline ; or, ce
quelqu'un ne pouvait être que la Chambre.

A partir de cette époque, et pendant les quelques jours qui précédèrent le triste dénouement, la Chambre bonapartiste cessa virtuelle-
ment d'exister, et se traîna à la remorque de
huit ou dix députés hostiles à l'empire et qui
entendaient bien profiter de nos malheurs pour
renverser un gouvernement qu'ils détestaient.
Mais pourquoi ces centaines d'hommes dévoués
ne se mettaient-ils pas en travers des prétentions alors avouées d'un petit groupe de violents ? Il semble qu'avec bien peu de courage
et une prévoyance des plus ordinaires, ils eussent pu en venir à bout et épargner à notre
pays, une nouvelle et dangereuse révolution
devant l'ennemi. Hélas! ils ne le pouvaient pas ;
ils ne sont pas faits pour ce rôle et la situation
était inexorable. Défendre l'empire, c'est bientôt dit, mais si l'empire n'existe plus en
réalité, il faut donc le refaire de la base à la
tête et dans quels moments ?

La fatalité posait sa main rude sur ces braves et honnêtes gens fourvoyés dans une beso-

gne impossible. De temps en temps, leur conscience se révoltait, leurs affections anciennes blessées s'irritaient, mais ils devaient assister impuissants, désolés, à la ruine de toutes leurs espérances.

Un jour, on demande des fusils pour armer les habitants de la capitale : le prétexte, c'est la défense du territoire, le but, c'est de donner des armes aux révolutionnaires parisiens. On voudrait refuser, mais on craint de ne pas paraître patriote. Et quel est celui de ces politiciens de passage, de ces souverains de hasard, tiré du néant par une élection heureuse et rentrant bientôt dans son obscurité native, qui aura le courage de braver l'impopularité ?

- Le lendemain, on propose d'ôter à l'empereur le commandement en chef. Il a été malheureux, il faut l'injurier, et cette cruauté paraît naturelle ; ce n'était d'ailleurs qu'une injure, tout le monde sachant bien que l'empereur Napoléon, pas plus que le roi Guillaume, ne commandaient véritablement leurs armées respectives. A cette proposition, des cris se font entendre : on affirme qu'elle est inconstitutionnelle et que ses auteurs devraient passer le soir même devant un conseil de guerre; qu'elle équivaut à une bataille perdue : que les Prussiens allumeront des feux de joie quand ils la connaîtront. Eh! sans doute, tout cela était vrai! Rien de plus factieux, en effet, qu'un député qui se propose d'arracher à son souverain faisant face à l'ennemi les insignes de son commandement; mais, faut-il le répéter une fois de plus, ce souverain ne commandait plus à personne. Pour quelle raison lui aurait-on conservé une position si exceptionnelle, au moins en apparence? Comment, d'ailleurs, s'y seraient pris ces malheureux bonapartistes pour empoigner ces factieux et les faire passer devant un conseil de guerre? Quel est le chef d'armée qui se serait chargé de cette besogne; le général Trochu n'était-il pas déjà compromis avec les révoltés? Et le courant politique, activé plutôt que contrarié par les libéraux, n'avait-il pas placé ce général au premier rang de la faveur publique parisienne?

Qui pourrait douter des feux de joie allumés par les Prussiens en apprenant la manœuvre des radicaux? Assurément personne. La sagesse aurait consisté à être plus prévoyant, à ne pas laisser prendre aux ennemis avoués de l'empire une position aussi prépondérante; mais à cette heure critique le mal était fait, il fallut en subir les désastreuses conséquences.

La position de cette Chambre bonapartiste était cruelle et ressemblait fort à celle de 1815, après que cette dernière eût commis la faute de séparer son sort de celui de Napoléon; elle commençait à comprendre les terribles responsabilités qui l'écrasaient; sans force pour remonter le courant, elle voulut cependant, ainsi qu'un moribond cherche dans son lit de douleur une position nouvelle, changer de ministère, comme si ce changement pouvait modifier le cours des choses et ne trahissait pas, au contraire, une faiblesse et une incohérence de plus.

Le cabinet du comte de Palikao succéda donc au ministère Ollivier. C'était assurément naturel de voir à la tête de la Chambre un militaire solide, que sa campagne si extraordinaire de Chine venait d'illustrer à nouveau; mais ce choix excellent ne pouvait rien sur les forces respectives des deux armées en présence et ne rendait pas au gouvernement parlementaire un crédit aussi indispensable qu'impossible à retrouver. Peut-être, pour bien comprendre cette petite révolution ministérielle *in extremis*, faut-il en chercher la cause dans ce goût inconscient de tout pouvoir, à montrer aux autres et à lui-même la force dont il dispose.

Les nouveaux souverains sont plus portés que les autres à de pareilles bravades, et le Parlement de 1870 n'était peut-être pas fâché d'apprendre au monde, que tout aussi bien que l'empereur, il savait faire et défaire des ministres. Pour la foule, la preuve était peut-être utile ; pour les gens réfléchis, elle était assurément superflue ; l'histoire était désormais fixée sur les responsabilités encourues : le Parlement aurait toute la gloire de l'issue heureuse des événements, car lui seul les dirigeait en toute liberté.

10 août. — Il ne se gênait même plus avec les apparences : on délibérait couramment sur la permanence de la Chambre ; il fallait appeler à la barre de l'Assemblée le maréchal Le Bœuf et tous les fonctionnaires de l'intendance militaire ; et puis, venaient les forfanteries puériles des assemblées qui font la guerre : tout traité devait être interdit, tant que l'ennemi foulerait le sol du pays.

Il devenait évident que le semblant d'empire qui nous restait dépendait uniquement d'un hasard de guerre ; un succès bien peu probable aurait prolongé son agonie, mais, blessé par le sénatus-consulte et achevé par l'imprévoyance de la Chambre, un revers le jeterait définitivement dans la poussière.

3 septembre. — Le ministre de la guerre a reçu des dépêches inquiétantes dont il fait part à la Chambre ; elles sont encore confuses, mais l'émotion est générale. On pressent un désastre.

Dans la nuit du *3 au 4 septembre*, l'Assemblée reçoit communication officielle de la perte de la bataille de Sedan. Les bonapartistes sont atterrés, leurs adversaires rayonnants et vainqueurs. Ils formulent enfin la proposition chère à leur cœur.

« ARTICLE PREMIER. — Louis-Napoléon Bonaparte et sa dynastie sont déclarés déchus des pouvoirs que leur a conférés la Constitution.

« ART. 2. — Il sera nommé par le Corps législatif une commission de gouvernement composée de.... »

M. Thiers demande la même chose en d'autres termes :

« ARTICLE PREMIER. — Vu les circonstances, la Chambre nomme une commission de gouvernement et de défense nationale.

« ART. 2. — Une Constituante sera nommée dès que les circonstances le permettront. »

C'était bien la déchéance puisqu'une Constituante devait être élue afin de remplacer l'empire et l'empereur ; mais on ne prononçait pas le mot.

Le gouvernement lui-même, subissant la réalité des choses et reconnaissant implicitement la suprématie et la souveraineté du Parlement, propose :

« ARTICLE PREMIER. — La nomination d'un conseil de gouvernement et de défense nationale est composé de cinq membres élus par le Corps législatif.

« ART. 2. — Les ministres sont nommés sous le contre-seing de ce conseil.

« ART. 3. — Le général comte de Palikao est nommé lieutenant général de ce conseil. »

On discute très vivement sur la priorité, et, comme on ne s'entend pas, on renvoie la question dans les bureaux. La séance publique est suspendue à 1 heure 40 minutes. A 2 heures et demie, et pendant l'intervalle produit par la suspension, la foule, stationnant sur le pont de la Concorde et sur la façade du Palais-Bourbon, envahit la cour, les couloirs, les escaliers de la Chambre et se précipite dans les tribunes publiques en poussant les cris de : « La déchéance ! Vive la France ! Vive la République ! »

Douze ou quinze députés siègent seuls en ce moment dans la salle.

Cependant la foule grossit; des gardes nationaux, en uniforme complet et incomplet, se joignent à elle; le tumulte ne permet plus au président de se faire entendre. Il se couvre : la séance est levée.

Quelques députés, suivant la coutume, quittent leurs places et se rendent à l'Hôtel de ville où ils proclament la République.

Dans la plupart des quartiers de Paris on ignorait cette révolution; quant à la France, elle si peu accoutumée à ce qu'on lui fasse l'honneur de la consulter en de pareilles circonstances, son avis paraît de si peu d'importance, que son étonnement fut moindre assurément que sa douleur.

Les forbans politiques qui venaient de se rendre coupables du plus grand des forfaits : une révolution intérieure en face de l'ennemi, auront un triste renom dans l'histoire, et si Dieu préserve encore la France et daigne lui permettre de retrouver sa grandeur, ils seront frappés jusque dans leur postérité : leurs enfants innocents seront couverts de honte et persécutés pour le crime de leurs pères. Mais cette juste vengeance de l'honneur outragé ne devra pas nous faire oublier nos propres fautes : après tout, le bandit fait son métier; c'est aux honnêtes gens à ne pas lui permettre de le faire, en confiant le sort de la France à des mains toujours inhabiles et toujours défaillantes.

La guerre a été déclarée et votée avec enthousiasme par un Parlement souverain ; c'est lui qui en endossera, devant l'histoire, les responsabilités. On peut à la rigueur supposer que l'empereur et l'empire, dans l'intégrité de leur puissance, se seraient laissé battre : on n'est pas toujours vainqueur ; mais, s'ils étaient restés debout après leur défaite, l'Europe monarchique se serait émue, car la France monarchique est une nécessité pour elle ; les documents diplomatiques, livrés pendant ces dernières années à la publicité, ne permettent pas de doute à ce sujet. Voilà donc ce qui est probable, mais ce qui sort du domaine des hypothèses, c'est la souveraineté et la responsabilité du Parlement à cette époque ; c'est sur lui que pèsera le souvenir de la guerre, de la défaite, et de l'invasion.

En mettant en relief ces conclusions, nous savons bien que les gens de mauvaise foi continueront à prétendre que les deux empires et les deux empereurs ont été cause de nos malheurs. Ce n'est pas une raison pour que nous ne relevions pas cette imposture : si la passion a ses entraînements, la vérité a ses exigences ; nous écrivons d'ailleurs pour des intelligences d'élite, pour des hommes d'État fort au courant des faits ; nous ne craignons pas d'être désavoués par eux, car on n'ignore dans aucun cabinet européen, et à Berlin moins que partout ailleurs, que le Parlement français a été, sans le vouloir et sans le croire assurément, l'agent le plus actif et le collaborateur le plus zélé de nos ennemis.

CONCLUSION

——

En 1815, la France était fidèle à l'empire et à son empereur. Le Parlement souverain renversa l'un, exila l'autre, et le peuple ne fut pour rien dans la révolution et dans l'invasion, sa suite inévitable, car il détestait l'une et l'autre.

La Chambre, encore toute imprégnée, à ses débuts, des sentiments patriotiques du pays, ne tarda pas à être remuée par les intrigues d'un petit nombre de députés, décidés à profiter de toutes les circonstances favorables pour renverser un gouvernement qu'ils détestaient ; incapable, en raison de son inexpérience politique, de prévoir les suites des mesures qu'elle ratifiait, elle arriva en quelques jours à écouter les propositions les plus hostiles au mandat qu'elle avait reçu de ses électeurs. Uniquement préoccupée du soin de son autorité, elle ne sut pas user avec discrétion, avec ménagement, du pouvoir nouveau, dont la générosité de l'empereur venait de l'investir ; c'était une assemblée constitutionnelle, et, peu à peu, elle devenait souveraine.

Le lendemain de Waterloo, elle arrachait la couronne posée sur la tête auguste de Napoléon le Grand, exilait le prince à la Malmaison, et bientôt, pressée par la situation, le livrait aux Anglais. Ainsi privée de son seul défenseur utile, la France fut abandonnée aux alliés sans combat, malgré la présence sous nos drapeaux d'une armée fort capable de venir à bout de Wellington et de Blücher, aventurés sur notre territoire.

Si tout est fatal en ce monde, il est bien superflu de relire notre histoire et d'en tirer des leçons utiles aux générations qui nous suivront ; mais tant que nos modernes philosophes ne nous auront pas convaincus que l'homme est un animal, et, par suite, irresponsable de tous les actes de sa vie, cette malheureuse assemblée bonapartiste encourra devant l'histoire les plus lourdes responsabilités ; sans doute, elle fit le mal sans le vouloir ; aussi les historiens ne la traitent-ils que d'imbécile ; consciente de ses votes, ils l'auraient qualifiée plus durement.

Le parti prétendu libéral, qui adopte et renverse tous les régimes, et n'est, en réalité, que le parti de l'opposition éternelle, sans cause et sans merci, semble n'avoir rappelé les Bourbons que pour les entraver dans leur expansion légitime et nécessaire. Un gouvernement, en effet, ne saurait exister en l'air, et lui dénier la faculté de s'appuyer sur ses partisans, sur les défenseurs naturels de son principe, c'est lui refuser les moyens de vivre. La France, toujours généreuse, paraissait avoir oublié ses griefs contre un pouvoir qui avait le tort, sans doute, de laisser ses amis crier contre la Révolution, dont il tolérait cependant toutes les conquêtes véritables ; la France, que l'on ne consultait pas d'ailleurs, se remit bravement au travail, et la prospérité reparut sur cette terre bénie par Dieu, et sur laquelle les hommes seuls déchaînent tant d'orages. C'est à ce moment que nos bourgeois parisiens se concertèrent pour rentrer en scène et en chasser tous ces nobliaux, tous ces gentillâtres, comme ils les appelaient dédaigneusement, mais qui avaient au moins le mérite de la fidélité envers leur prince et leur drapeau.

Le roi avait concédé à l'opposition Martignac et l'expulsion des jésuites; mais ce qu'elle voulait, en réalité, c'était le pouvoir tout entier, et comme le souverain ne paraissait d'humeur à ce point conciliante, ils renversèrent Martignac. Charles X, rebuté par des exigences grandissant avec ses bons procédés, se résolut à prendre et à garder un ministère de son choix. Alors la colère et les violences de l'opposition ne connurent plus de bornes, et les deux cent vingt et un royalistes s'en tendirent aussitôt avec les pires ennemis du Trône pour détrôner cet insupportable Polignac, dont ils ne connaissaient pas d'ailleurs le programme politique; ils y réussirent, mais au prix d'une grande émeute parisienne qui renversa cette légitimité dont ils s'étaient, en toutes circonstances, montrés partisans. Leur rôle, pendant la bataille de 1830, ne fut pas des plus héroïques, mais ils se retrouvèrent au poste avec courage quand un gouvernement nouveau parut, et injurièrent leur ancien maître avec un ensemble que la peur éprouvée les jours précédents peut seule expliquer.

Les parlementaires avaient ainsi à leur actif deux révolutions et une invasion.

Ils ne devaient pas s'arrêter là. Désormais maîtres incontestables de la place, n'ayant pas à lutter contre les anxiétés et les colères que soulèvent les grandes catastrophes comme celle de 1815, indemnes de ce malaise sous lequel se débattit la Restauration pendant toute son existence, le peuple lui reprochant faussement d'avoir amené l'invasion dont elle n'avait que profité, ils allaient déployer sans entraves leurs facultés de gouvernants.

Quand le roi et la bourgeoisie encore fidèle se furent débarrassés des républicains et des légitimistes coalisés contre eux, quand les interminables émeutes, dues à l'origine troublée de ce gouvernement, eurent pris fin, la classe moyenne, toute-puissante et par les droits politiques souverains concédés au Parlement et par le régime censitaire qui n'appelait qu'elle dans les comices électoraux, remit son épée au fourreau ; mais sans doute lasse du rôle de conservateur qui répugne à sa nature, elle s'enrôla de nouveau dans les rangs de l'opposition. Cette conduite n'encourrait naturellement aucun blâme si cette opposition s'était contentée, comme dans tous les autres pays, de contrôler et d'améliorer la marche du gouvernement, en se gardant de toute atteinte mortelle à son principe. On sait, hélas! que cette modération et cette prévoyance n'ont jamais été de son fait, et il faut ajouter, pour compléter le tableau des facilités exceptionnelles que devait trouver cette nouvelle expérience, que jamais la France ne parut si bien pourvue en hommes de mérite et en orateurs brillants. Il n'y a pas jusqu'à cette espèce de renaissance littéraire, dont on s'obstine à gratifier l'établissement politique de 1830, bien que tous les poètes de cette époque fussent nés sous l'empire, bien qu'ils aient tous chanté le héros en vers magnifiques, et aiguisé leurs plus vives satyres contre le régime nouveau, il n'y a pas jusqu'à cette renaissance, qui a d'ailleurs fait plus de bruit que de besogne, qui n'ait ajouté à l'éclat et facilité les débuts des libéraux enfin au pouvoir. Leurs fautes doivent donc, en toute équité, compter doublement, et la preuve de leur impéritie être définitivement faite.

Comme on ne trouvait pas de grief sérieux à invoquer pour légitimer uue opposition sérieuse, on se mit à crier par-dessus les toits que la France *s'ennuyait* ; le mot fit fureur dans les cercles parisiens, et la mort parut seule capable d'expier le crime d'avoir fait bâiller ces entrepreneurs de révolution sans ouvrage. Le minis tère Guizot-Duchâtel obtenait aux élections des majorités écrasantes, on n'en tint aucun compte, et il fut décidé d'un commun accord que la minorité devait user de tous les moyens, y compris les plus repréhensibles, pour chasser ce ministère tenace. Au point de vue de nos gens, cette ténacité était tout au moins une inconvenance, et le régime parlementaire, à leurs yeux, n'est bien compris que lorsque le pouvoir est tour à tour exercé, pendant un temps égal, par les deux fractions rivales de la bourgeoisie.

La machine de guerre fut la réforme électorale. Le ministère la repoussa et l'on sait ce qui advint. Que cette réforme fût aussi désirable qu'elle était de tous points détestable, la chose importe peu pour la preuve que nous poursuivons ; le seul problème à résoudre par les libéraux dynastiques était de savoir si le régime politique de leur choix, l'idéal, le rêve longtemps caressé de ces esprits aimables et imprévoyants, avait les reins assez solides pour résister aux coups qu'ils allaient lui porter. L'alliance conclue avec les radicaux, la campagne menée de compte à demi avec ces ennemis avoués de la dynastie étaient une bien rare imprudence et portèrent les fruits amers qu'elle amène toujours. Par impatience du but, ces gourmands de ministère se précipitèrent dans un chemin glissant, et ne purent remonter la côte : ils périrent, comme avaient péri avant eux les bonapartistes, pour avoir suivi les parlementaires; les royalistes, pour avoir écouté les libéraux, comme périrent à leur tour d'autres impérialistes, aussi fidèles, aussi bien intentionnés que les premiers, après avoir poussé à ses conséquences rigoureuses, c'est-à-dire jusqu'à l'absurde, le sénatus-consulte de 1869.

En 1848, le peuple, appelé à cor et à cris par les réformistes bourgeois, ne parut qu'à peine et fort tard dans la rue. La révolution fut leur œuvre ; ce sont eux, et eux seuls qui l'avaient préparée par une agitation des plus dangereuses ; c'est la troisième que notre malheureux pays doit à ces écervelés, qui sont en même temps et en dehors de la politique, les esprits les plus cultivés et les plus brillants de leur époque.

Quand on eut roulé dans l'abîme, la bourgeoisie parisienne, repentante et avouant son erreur, se mit très bravement à réparer ses fautes : le fusil sur l'épaule, la plume à la main, la bouche pleine de discours réactionnaires débités en plein club, elle combattit vaillamment

ce ramassis de mauvaises passions et d'utopies
niaises qu'on a appelé la République de 1848.
Le combat fut rude et parfois sanglant, et l'on
ne sait trop ce qui serait arrivé si les républicains eux-mêmes, fidèles ce jour-là à leurs
doctrines et infidèles à leur pratique bien connue,
n'avaient donné la parole à la France, en
faisant élire par elle le chef de l'État.

Les conséquences de cet acte qui serait généreux, si ses auteurs en avaient prévu et admis
les suites et ne les avaient pas déplorées plus
tard, furent telles qu'on doit les attendre d'un
pays essentiellement monarchique et conservateur.

L'empire reparut, et la France eut, pendant
quinze ans, sa part de direction dans ses propres affaires : un prince élu par tous ne peut
gouverner qu'en vue des satisfactions générales
à donner au peuple entier. Pendant cette époque trop courte, Paris cessa d'être souverain,
parce qu'il n'avait plus la possibilité de déchaîner la révolution au moyen du parlement qui
siège dans ses murs : les partis politiques
rivaux, acharnés à leur perte et à celle du pays,
firent silence. On travailla, on épargna, on se
battit et le tout grandement. La voie tradi-
tionnelle et séculaire de ce pays semblait re-

trouvée ; le peuple qui chez nous a inventé le
roi, était tranquille, heureux et confiant. Ce
n'était pas le compte de notre capitale, qui est
celle de la mode et par conséquent le lieu choisi
de préférence par les esprits qui adorent le
changement ; elle le fit bien voir aux élections
générales de 1869, où tous les candidats hostiles à l'empire passèrent.

Cette nouvelle leçon au pouvoir ne fut malheureusement que trop écoutée, et cette manifestation hostile de Paris, inévitable dans toutes
les grandes agglomérations d'hommes, fut prise
pour un vœu du pays, au lieu d'être considérée
comme une déclaration de guerre à lui adressée.
Ce pays avait fait l'empire, Paris voulait le
défaire, et c'est ce dernier conseiller qu'on
écouta !

Le sénatus-consulte de 1869, parut donc dans
les colonnes du *Journal officiel*, et l'on se mit
à cette besogne impossible, qu'on a appelée
l'*Empire libéral*, bien impraticable en effet, car
le *libéral* donne le pouvoir au parlement et l'*impérialiste* à l'empereur : or, jusqu'à nos jours,
on n'avait pas tenté d'imiter en France les
procédés gouvernementaux en usage au Japon,
et de donner à ce pays deux maîtres à la fois.

La logique a parfois de cruelles vengeances ;

elle inspira le parlement de 1870, qui réduisit l'établissement politique de 1852 à la plus complète impuissance. Loin de réagir et de remonter la pente où les entraînaient les radicaux, au lieu de se serrer auprès du souverain qui se dépouillait si généreusement, si imprudemment en leur faveur, les libéraux semblaient vouloir gagner de vitesse les violents, les acharnés à la perte de l'empire, afin de ne rien perdre de cette popularité malsaine qui est complaisante à toutes les oppositions ; pour un œil un peu clairvoyant il est facile de voir dans cette courte session tous les prolégomènes du 4 septembre, et les germes de toutes les théories qui ont enfanté la commune. Sans doute nos parlementaires de 1870 s'insurgeraient à bon droit si on les accusait d'avoir écrit dans notre histoire ces deux pages lamentables; ils n'en sont pas moins les auteurs inconscients.

Puis éclata la guerre, voulue, discutée, votée avec enthousiasme par eux; et ce serait une bien singulière excuse que de dire qu'ils héritaient des fautes de cet empire détrôné ; car, en fait, ils avaient la toute-puissance, et un vote en faveur d'un ministère pacifique eût fait rentrer toutes les épées au fourreau.

Les généraux, dit-on, ne firent pas bien leur

métier! mais les députés sont bien peu experts sur ce point, et parce qu'un général ou des généraux n'ont pas été habiles ou heureux, ce n'est pas une raison pour les abandonner, rien au monde ne peut pallier la lourde faute qu'ils commirent en laissant faire une révolution devant l'ennemi victorieux. Ils n'étaient plus, dit-on, maîtres des événements! oui, sans doute, ils avaient détruit de leurs propres mains l'établissement politique qui les protégeait, et au jour du danger ils furent sans abri contre l'orage, mais à qui la faute? Ayons le courage, fort pénible pour nous, de donner la réponse complète : à l'empereur d'abord qui pécha par générosité en voulant partager son pouvoir avec le Parlement; au Parlement ensuite qui abandonna l'empire et l'empereur. Les gens du 4 septembre sont et restent des bandits politiques qui ont pillé la maison dont la porte était ouverte; mais c'est au maître de maison à la tenir fermée.

Ainsi arrivèrent la quatrième révolution et la deuxième invasion préparées par un Parlement français.

Ces quatre parlements souverains de 1815, de 1830, de 1848 et de 1870, présentent des caractères communs : les bonnes intentions viciées par l'ignorance des choses de la politique, — une ambition chez les chefs de partis qui cherche à se satisfaire, quelques risques qu'il en puisse résulter pour la chose publique ; — une tendance à l'opposition, qui dégénère fatalement en révolution ; — la perte de tout sang-froid dans les circonstances critiques ; — leur triste fin dans la révolution fomentée par eux, — et cependants ils avaient dû le jour à des systèmes électoraux absolument différents, variant des listes de notabilités de l'empire aux grands collèges de la Restauration, et du régime censitaire de Louis-Philippe au suffrage universel direct de Napoléon III.

On peut donc affirmer, les preuves à la main, que ces parlements, composés d'individualités absolument conservatrices, ont été des révolutionnaires infatigables et que le peuple, non seulement celui de la France, mais celui de Paris, n'a jamais fait que suivre de loin et tardivement la bourgeoisie toujours à l'état de révolte contre le pouvoir établi ; on doit ajouter également que ces révolutions, quand elles ont été faites devant l'ennemi, ont facilité l'invasion du pays, et rendu excessives les prétentions du vainqueur.

De pareils enseignements ne doivent pas

être perdus ; et quel que soit le prince ou le citoyen qui règne désormais en France, qu'il s'appelle empereur, roi ou président, on peut affirmer qu'il ne régnera avec sécurité pour lui et avec profit pour le pays, qu'autant que la Chambre des députés restera un contrôle, et ne sera pas souveraine ; qu'autant que cette Chambre, ainsi rendue à sa véritable mission ne siégera pas à Paris.

A ces deux conditions, nous aurons un établissement politique stable, et jouissant d'un grand crédit dans le monde : l'épreuve est définitivement faite et nous a coûté assez cher pour ne pas la recommencer ; qu'elle nous profite enfin et profite aussi aux nations qui seraient tentées de nous imiter.

Nous l'avons dit en commençant et nous le répétons en terminant : depuis qu'il y a dans le monde des sociétés à conduire, on n'a jamais connu que deux formes de gouvernement : celui d'un homme pris d'habitude dans une même famille et celui d'une classe privilégiée, d'une aristocratie, parce que tous deux peuvent avoir une éducation politique et suivre les traditions du pays ; la classe moyenne n'est nulle part dans ce cas, elle a son pain de chaque jour à gagner, et, pendant la plus grande partie de sa vie le bourgeois a d'autres soucis que la connaissance des hommes et des choses de la politique ; tout esprit de suite lui échappe, aussi quand il est au pouvoir, ce n'est pas au profit d'une classe qu'il l'exerce, il n'est qu'un individu sans passé et sans lendemain, et nécessairement plus préoccupé de ses intérêts qu'il ne faudrait l'être quand on a l'honneur de gouverner un grand pays.

Depuis la révolution de 1789, nous nous sommes tous trompés, aussi bien en France que dans le monde entier. Sans doute, notre rôle dans l'État est partout considérable : les arts, la science, l'industrie, le commerce, l'armée ne vivent que par nous, mais notre constitution sociale s'oppose à ce que nous gouvernions souverainement. Avouons enfin notre erreur et sachons obéir à l'inexorable nature des choses, en déléguant nos pouvoirs à un homme, controlé mais non dominé pour une Chambre élue, si notre pays est une démocratie; à une classe privilégiée, s'il est encore aristocratiquement constitué.

NOTES

DISCOURS

PRONONCÉ PAR M. DUBOYS D'ANGERS, AU NOM DE LA DÉPUTATION
DES ÉLECTEURS, LE 31 MAI 1815.

« Sire,

« Le peuple français vous avait donné la couronne, vous l'avez déposée sans son aveu; ses suffrages viennent vous imposer le devoir de la reprendre.

« Un contrat nouveau s'est formé entre le peuple et Votre Majesté.

« Rassemblés de tous les points de l'Empire autour des tables de la loi où nous venons inscrire le vœu du peuple, ce vœu, seule source légitime du pouvoir, il nous est impossible de ne pas faire retentir la voix de la France dont nous sommes les organes immédiats, de ne pas dire, en présence de l'Europe, au chef auguste de la nation ce qu'elle attend de lui, ce qu'il doit attendre d'elle.

« Nos paroles sont graves comme les circonstances qui les inspirent.

« Que veut la ligue des rois alliés avec cet attirail de guerre dont elle épouvante l'Europe et afflige l'humanité!

« Par quel acte, pour quelle violation avons-nous provoqué leur vengeance, motivé leur agression?

« Avons-nous, depuis la paix, essayé de leur donner des lois? nous voulons seulement suivre celles qui s'adaptent à nos mœurs; nous ne voulons point du chef que veulent pour nous nos ennemis, et nous voulons celui dont ils ne veulent.

« Ils osent vous proscrire personnellement, vous, Sire, qui, maître tant de fois de leurs capitales, les avez raffermis généreusement sur leurs trônes ébranlés. Cette haine de nos ennemis ajoute à notre amour pour vous; ils proscriraient le moins connu de nos citoyens que nous devrions le défendre avec la même énergie; il serait comme vous sous l'égide de la loi et de la puissance françaises.

« On nous menace d'une invasion, et cependant, resserrés dans les frontières que la nature ne nous a point imposées, que longtemps et avant votre règne la victoire et la paix même avaient reculées, nous n'avons point franchi cette étroite enceinte par respect pour des traités que vous n'avez pas signés et que vous avez offert de respecter.

« Ne demande-t-on que des garanties, elles sont toutes dans nos institutions et dans la volonté du peuple français unie désormais à la vôtre. Ne craint-on pas de nous rappeler des temps, un état de choses naguère si différents, et qui pourraient encore se reproduire?

« Ce ne serait pas la première fois que nous aurions vaincu l'Europe armée contre nous.

« Ces droits sacrés, imprescriptibles, que la moindre peuplade n'a jamais réclamés en vain au tribunal de la justice et de l'histoire, c'est à la nation française qu'on ose les disputer une seconde fois, au XIXe siècle, à la face du monde civilisé.

« Parce que la France veut être la France, faut-il qu'elle soit dégradée, déchirée, démembrée, et nous réserve-t-on le sort de la Pologne?

-» Vainement veut-on cacher de funestes desseins sous

l'apparence du dessein unique de vous séparer de nous, pour nous donner à des maîtres avec qui nous n'avons plus rien de commun, que nous n'entendons plus et qui ne peuvent pas nous entendre, qui ne semblent appartenir ni au siècle, ni à la nation, qui ne les a reçus un moment dans son sein, que pour voir proscrire et avilir par eux ses plus généreux citoyens.

« Leur présence a détruit toutes les illusions qui s'attachaient encore à leur nom.

« Ils ne pouvaient plus croire à nos serments, nous ne pourrions plus croire à leurs promesses La dîme, la féodalité, les privilèges, tout ce qui nous est odieux était trop évidemment le but et le fond de leurs pensées, quand l'un deux, pour consoler l'impatience du présent, assurait ses confidents *qu'il leur répondait de l'avenir.*

« Ce que chacun de nous avait regardé pendant vingt-cinq ans comme titres de gloire, comme services dignes de récompense, a été pour eux un titre de proscription, un sceau de réprobation.

« Un million de fonctionnaires, de magistrats, qui depuis vingt-cinq ans suivent les mêmes maximes, et parmi lesquels nous venons de choisir nos représentants, cinq cent mille guerriers, notre force et notre gloire, six millions de propriétaires investis par la Révolution ; un plus grand nombre encore de citoyens éclairés qui font une profession de foi réfléchie de ces idées devenues parmi nous des dogmes politiques, tous ces dignes Français n'étaient point les Français des Bourbons ; ils ne voulaient régner que pour une poignée de privilégiés, depuis vingt-cinq ans punis ou pardonnés.

« L'opinion même, cette propriété sacrée de l'homme, ils l'ont persécutée jusque dans le paisible sanctuaire des lettres et des arts.

« Sire, un trône un moment relevé par les armes étrangères, et environné d'erreurs incurables, s'est écroulé en un instant devant vous, parce que vous nous apportiez de la retraite, qui n'est féconde en grandes pensées que pour les grands hommes, tous les errements de notre véritable gloire et toutes les espérances de notre véritable prospérité.

« Comment votre marche triomphale de Cannes à Paris n'a-t-elle pas dessillé tous les yeux? Dans l'histoire de tous les peuples et de tous les siècles est-il une scène plus nationale, plus héroïque, plus imposante? Ce triomphe qui n'a point coûté de sang ne suffit-il pas pour détromper nos ennemis? En veulent-ils de plus sanglants! eh bien, Sire, attendez de nous tout ce qu'un héros fondateur est en droit d'attendre d'une nation fidèle, énergique, généreuse, inébranlable dans ses principes, inébranlable dans le but de ses efforts, l'indépendance à l'extérieur et la liberté au dedans.

« Les trois branches de la Législature vont se mettre en action : un seul sentiment les animera. Confiants dans les promesses de Votre Majesté, nous lui remettrons, nous remettrons à nos représentants et à la Chambre des pairs le soin de revoir, de consolider, de perfectionner de concert, sans précipitation, sans secousse, avec maturité, avec sagesse, notre système constitutionnel et les institutions qui doivent en être la garantie.

« Et, cependant, si nous sommes forcés de combattre, qu'un seul cri retentisse dans tous les cœurs : marchons à l'ennemi qui veut nous traiter comme la dernière des nations, serrons-nous tous autour du trône où siège le père et le chef du peuple et de l'armée.

« Sire, rien n'est impossible, rien ne sera épargné pour nous assurer l'honneur et l'indépendance, ces deux biens plus chers que la vie. Tout sera tenté, tout sera exécuté pour repousser un joug ignominieux. Nous le disons aux nations : puissent leurs chefs nous entendre! S'ils acceptent vos offres de paix, le peuple français attendra de votre administration forte, libérale, paternelle, des motifs de se consoler des sacrifices que lui a coûtés la paix; mais si on ne nous laisse que le choix entre la paix et la honte, la nation tout entière se lève pour la guerre; elle est prête à vous dégager des offres trop modérées peut-être que vous avez faites pour épargner à l'Europe un nouveau bouleversement. Tout Français est soldat; la victoire suivra nos aigles, et nos ennemis qui comptaient sur nos divisions regretteront bientôt de nous avoir provoqués. »

ÉTAT OFFICIEL DES TROUPES

RÉUNIES SOUS LES MURS DE PARIS, LE 29 JUIN 1815, ET QUE L'EM-
PEREUR INTERNÉ A LA MALMAISON DEMANDAIT LA PERMISSION DE
CONDUIRE CONTRE BLUCHER, AVENTURÉ SUR NOTRE TERRITOIRE ET
NE DISPOSANT QUE DE 50,000 HOMMES HARASSÉS DE FATIGUE ET
MANQUANT D'APPROVISIONNEMENTS ET DE MUNITIONS :

1º Armée de Belgique ramenée par le maré-
    chal Grouchy.......................... 33.000 h.
2º Garde impériale........................... 30 000
3º Soldats revenus isolément dans Paris..... 8.000
4º Dépôts de Paris (garde impériale et infan-
    terie de ligne)......................... 10.000
5º Dépôts de la banlieue de Paris........... 4.000
6º Dépôts des départements repliés sur Paris. 3.000
7º Canonniers de la marine.................. 5.000
8º Conscrits de la classe de 1815........... 4.000
9º Tirailleurs de la garde nationale (fédérés). 12.000
10º Garde nationale de Paris (mémoire).
11º Artillerie attelée et non attelée : 1,150 canons.

Total : 109,000 hommes dont 25,000 de cavalerie, et 550 pièces
attelées.

TABLE DES MATIÈRES

CHAPITRE PREMIER

LE PARLEMENT DE 1815

CHAPITRE DEUXIÈME

LE PARLEMENT DE 1830

CHAPITRE TROISIÈME

LE PARLEMENT DE 1848

CHAPITRE QUATRIÈME

LE PARLEMENT DE 1870

Paris. — Imp. Sᵗᵉ ann. Public. Period. — P. Mouillot. — 31138.

NOUVEAUX OUVRAGES EN VENTE
Format in-8°.

	f. c.
H. DE BALZAC	
ŒUVRES COMPLÈTES, tome XXIV et dernier. — CORRESPONDANCE....	7 50
A. BARDOUX	
LE COMTE DE MONTLOSIER ET LE GALLICANISME, 1 vol............	7 50
BENJAMIN CONSTANT	
LETTRES A MADAME RÉCAMIER, 1 vol.	7 50
L'ABBÉ GALIANI	
CORRESPONDANCE, 2 vol............	15 »
DOCTEUR MÉNIÈRE	
CAPTIVITÉ DE MADAME LA DUCHESSE DE BERRY, 2 vol............	15 »
PROSPER MÉRIMÉE	f. c
LETTRES A M. PANIZZI. 2 vol.......	15 »
MADAME DE RÉMUSAT	
LETTRES, 2 vol............	15 »
ERNEST RENAN	
MARC-AURÈLE, 1 vol............	7 50
G. ROTHAN	
L'AFFAIRE DU LUXEMBOURG, 1 vol...	7 50
PAUL DE SAINT-VICTOR	
LES DEUX MASQUES. 2 vol..........	15 »
THIERS	
DISCOURS PARLEMENTAIRES. T. I à XII.	90 »
VILLEMAIN	
LA TRIBUNE MODERNE. T. II........	7 50

Format gr. in-18 à 3 fr. 50 c. le volume.

	vol.
TH. BENTZON	
MISS JANE....................	1
HECTOR BERLIOZ	
LETTRES INTIMES..............	1
LOUIS BLANC	
DIX ANS DE L'HISTOIRE D'ANGLETERRE.	10
DUC DE BROGLIE	
LE SECRET DU ROI..............	2
RHODA BROUGHTON	
FOLLEMENT ET PASSIONNÉMENT........	1
CHUT!!	
PÉCHÉS MIGNONS................	1
***	
VIE PARISIENNE SOUS LOUIS XVI.......	1
A. DUMAS FILS	
LA QUESTION DU DIVORCE...........	2
CHARLES EDMOND	
HARALD...................	1
GEORGE ELIOT	
DANIEL DERONDA..............	2
O. FEUILLET	
HISTOIRE D'UNE PARISIENNE..........	1
ERNEST FEYDEAU	
MÉMOIRES D'UN COULISSIER..........	1
A. GENEVRAYE	
L'OMBRA...................	1
VICTOR JOLY	
CRIC-CRAC..................	1
J. DE GLOUVET	
LE BERGER..................	1
LUDOVIC HALÉVY	
L'ABBÉ CONSTANTIN..............	1
A. KARR	
LES POINTS SUR LES I.............	1
PARIA KORIGAN	vol.
RÉCITS DE LA LUÇOTTE..............	1
EUGÈNE LABICHE	
THÉATRE COMPLET................	10
H. LAFONTAINE	
L'HOMME QUI TUE................	1
EUGÈNE MANUEL	
EN VOYAGE...................	1
PROSPER MÉRIMÉE	
MOSAIQUE...................	1
MICHELET	
INTRODUCTION A L'HISTOIRE UNIVERSELLE	1
PIERRE LOTI	
LE ROMAN D'UN SPAHI.............	1
G. DE PEYREBRUNE	
MARCO......................	1
A. DE PONTMARTIN	
SOUVENIRS D'UN VIEUX CRITIQUE.......	1
ERNEST RENAN	
CONFÉRENCES D'ANGLETERRE..........	1
VICOMTE RICHARD (O'MONROY)	
FEUX DE PAILLE.................	1
HENRI RIVIERE	
LA JEUNESSE D'UN DÉSESPÉRÉ.........	1
J. DE SAINT-BRIAC	
JOBIC LE CORSAIRE..............	1
E. TEXIER ET LE SENNE	
L'INCONNUE..................	1
OSCAR DE VALLÉE	
LES MANIEURS D'ARGENT...........	1
PIERRE VÉRON	
CES MONSTRES DE FEMMES...........	1
MARIO UCHARD	
LA BUVEUSE DE PERLES............	1
LOUIS ULBACH	
LE MARTEAU D'ACIER..............	1
QUINZE ANS DE BAGNE.............	1

www.ingramcontent.com/pod-product-compliance
Lightning Source LLC
Chambersburg PA
CBHW051530060726
47597CB00001B/229